U0594896

贝克通识文库

李雪涛　主编

大家小书·译馆

经济危机

[德] 沃纳·普拉普　著

赵雅芬　译

北 京 出 版 集 团
北 京 出 版 社

著作权合同登记号：图字 01-2020-0915

WIRTSCHAFTSKRISEN by Werner Plumpe,
© Verlag C.H.Beck oHG, München 2013

图书在版编目（CIP）数据

经济危机 /（德）沃纳·普拉普（Werner Plumpe）
著；赵雅芬译 . — 北京：北京出版社，2024. 8
（大家小书·译馆）
ISBN 978-7-200-16122-9

Ⅰ. ①经… Ⅱ. ①沃… ②赵… Ⅲ. ①资本主义经济
—经济危机—研究 Ⅳ. ① F039

中国版本图书馆 CIP 数据核字（2021）第 009183 号

总 策 划：高立志 王忠波　　选题策划：王忠波
责任编辑：王忠波 张锦志　　责任营销：猫　娘
责任印制：燕雨萌　　　　　　装帧设计：吉　辰

大家小书·译馆

经济危机
JINGJI WEIJI

[德] 沃纳·普拉普　著
赵雅芬　译

出　　版　北京出版集团
　　　　　北京出版社
地　　址　北京北三环中路 6 号
邮　　编　100120
网　　址　www.bph.com.cn
总 发 行　北京伦洋图书出版有限公司
印　　刷　北京汇瑞嘉合文化发展有限公司
开　　本　880 毫米×1230 毫米　1/32
印　　张　5.25
字　　数　98 千字
版　　次　2024 年 8 月第 1 版
印　　次　2024 年 8 月第 1 次印刷
书　　号　ISBN 978-7-200-16122-9
定　　价　49.00 元

如有印装质量问题，由本社负责调换
质量监督电话　010-58572393

接续启蒙运动的知识传统
——"贝克通识文库"中文版序

一

我们今天与知识的关系，实际上深植于17—18世纪的启蒙时代。伊曼努尔·康德（Immanuel Kant，1724—1804）于1784年为普通读者写过一篇著名的文章《对这个问题的答复：什么是启蒙?》(*Beantwortung der Frage: Was ist Aufklärung?*)，解释了他之所以赋予这个时代以"启蒙"(Aufklärung)的含义：启蒙运动就是人类走出他的未成年状态。不是因为缺乏智力，而是缺乏离开别人的引导去使用智力的决心和勇气！他借用了古典拉丁文学黄金时代的诗人贺拉斯（Horatius，前65—前8）的一句话：Sapere aude！呼吁人们要敢于去认识，要有勇气运用自己的智力。[1]启蒙运动者相信由理性发展而来的知识可

---

1 Cf. Immanuel Kant, *Beantwortung der Frage: Was ist Aufklärung?* In: *Berlinische Monatsschrift,* Bd. 4, 1784, Zwölftes Stück, S. 481—494. Hier S. 481. 中文译文另有：(1)"答复这个问题：'什么是启蒙运动?'"见康德著，何兆武译：《历史理性批判文集》，商务印书馆1990年版（2020年第11次印刷本，上面有2004年写的"再版译序"），第23—32页。(2)"回答这个问题：什么是启蒙?"见康德著，李秋零主编：《康德著作全集》（第8卷·1781年之后的论文），中国人民大学出版社2013年版，第39—46页。

以解决人类存在的基本问题，人类历史从此开启了在知识上的启蒙，并进入了现代的发展历程。

启蒙思想家们认为，从理性发展而来的科学和艺术的知识，可以改进人类的生活。文艺复兴以来的人文主义、新教改革、新的宇宙观以及科学的方法，也使得17世纪的思想家相信建立在理性基础之上的普遍原则，从而产生了包含自由与平等概念的世界观。以理性、推理和实验为主的方法不仅在科学和数学领域取得了令人瞩目的成就，也催生了在宇宙论、哲学和神学上运用各种逻辑归纳法和演绎法产生出的新理论。约翰·洛克（John Locke，1632—1704）奠定了现代科学认识论的基础，认为经验以及对经验的反省乃是知识进步的来源；伏尔泰（Voltaire，1694—1778）发展了自然神论，主张宗教宽容，提倡尊重人权；康德则在笛卡尔理性主义和培根的经验主义基础之上，将理性哲学区分为纯粹理性与实践理性。至18世纪后期，以德尼·狄德罗（Denis Diderot，1713—1784）、让-雅克·卢梭（Jean-Jacques Rousseau，1712—1778）等人为代表的百科全书派的哲学家，开始致力于编纂《百科全书》（Encyclopédie）——人类历史上第一部致力于科学、艺术的现代意义上的综合性百科全书，其条目并非只是"客观"地介绍各种知识，而是在介绍知识的同时，夹叙夹议，议论时政，这些特征正体现了启蒙时代的现代性思维。第一卷开始时有一幅人类知识领域的示意图，这也是第一次从现代科学意义上对所有人类知识进行分类。

实际上，今天的知识体系在很大程度上可以追溯到启蒙时代以实证的方式对以往理性知识的系统性整理，而其中最重要的突破包括：卡尔·冯·林奈（Carl von Linné，1707—1778）的动植物分类及命名系统、安托万·洛朗·拉瓦锡（Antoine-Laurent Lavoisier，1743—1794）的化学系统以及测量系统。[1]这些现代科学的分类方法、新发现以及度量方式对其他领域也产生了决定性的影响，并发展出一直延续到今天的各种现代方法，同时为后来的民主化和工业化打下了基础。启蒙运动在18世纪影响了哲学和社会生活的各个知识领域，在哲学、科学、政治、以现代印刷术为主的传媒、医学、伦理学、政治经济学、历史学等领域都有新的突破。如果我们看一下19世纪人类在各个方面的发展的话，知识分类、工业化、科技、医学等，也都与启蒙时代的知识建构相关。[2]

由于启蒙思想家们的理想是建立一个以理性为基础的社会，提出以政治自由对抗专制暴君，以信仰自由对抗宗教压迫，以天赋人权来反对君权神授，以法律面前人人平等来反对贵族的等级特权，因此他们采用各民族国家的口语而非书面的拉丁语进行沟通，形成了以现代欧洲语言为主的知识圈，并创

---

1 Daniel R. Headrick, *When Information Came of Age: Technologies of Knowledge in the Age of Reason and Revolution, 1700-1850.* Oxford University Press, 2000, p. 246.

2 Cf. Jürgen Osterhammel, *Die Verwandlung der Welt: Eine Geschichte des 19. Jahrhunderts.* München: Beck, 2009.

造了一个空前的多语欧洲印刷市场。[1]后来《百科全书》开始发行更便宜的版本，除了知识精英之外，普通人也能够获得。历史学家估计，在法国大革命前，就有两万多册《百科全书》在法国及欧洲其他地区流传，它们成为向大众群体进行启蒙及科学教育的媒介。[2]

从知识论上来讲，17世纪以来科学革命的结果使得新的知识体系逐渐取代了传统的亚里士多德的自然哲学以及克劳迪亚斯·盖仑（Claudius Galen，约129—200）的体液学说（Humorism），之前具有相当权威的炼金术和占星术自此失去了权威。到了18世纪，医学已经发展为相对独立的学科，并且逐渐脱离了与基督教的联系："在（当时的）三位外科医生中，就有两位是无神论者。"[3]在地图学方面，库克（James Cook，1728—1779）船长带领船员成为首批登陆澳大利亚东岸和夏威夷群岛的欧洲人，并绘制了有精确经纬度的地图，他以艾萨克·牛顿（Isaac Newton，1643—1727）的宇宙观改变了地理制图工艺及方法，使人们开始以科学而非神话来看待地理。这一时代除了用各式数学投影方法制作的精确地图外，制

1 Cf. Jonathan I. Israel, *Radical Enlightenment: Philosophy and the Making of Modernity 1650-1750.* Oxford University Press, 2001, p. 832.

2 Cf. Robert Darnton, *The Business of Enlightenment: A Publishing History of the Encyclopédie, 1775-1800.* Harvard University Press, 1979, p. 6.

3 Ole Peter Grell, Dr. Andrew Cunningham, *Medicine and Religion in Enlightenment Europe.* Ashgate Publishing, Ltd. , 2007, p. 111.

图学也被应用到了天文学方面。

　　正是借助于包括《百科全书》、公共图书馆、期刊等传播媒介，启蒙知识得到了迅速的传播，同时也塑造了现代学术的形态以及机构的建制。有意思的是，自启蒙时代出现的现代知识从开始阶段就是以多语的形态展现的：以法语为主，包括了荷兰语、英语、德语、意大利语等，它们共同构成了一个跨越国界的知识社群——文人共和国（Respublica Literaria）。

　　当代人对于知识的认识依然受启蒙运动的很大影响，例如多语种读者可以参与互动的维基百科（Wikipedia）就是从启蒙的理念而来："我们今天所知的《百科全书》受到18世纪欧洲启蒙运动的强烈影响。维基百科拥有这些根源，其中包括了解和记录世界所有领域的理性动力。"[1]

二

　　1582年耶稣会传教士利玛窦（Matteo Ricci，1552—1610）来华，标志着明末清初中国第一次规模性地译介西方信仰和科学知识的开始。利玛窦及其修会的其他传教士入华之际，正值欧洲文艺复兴如火如荼进行之时，尽管囿于当时天主教会的意

1　Cf. Phoebe Ayers, Charles Matthews, Ben Yates, *How Wikipedia Works: And How You Can Be a Part of It.* No Starch Press, 2008, p. 35.

识形态，但他们所处的时代与中世纪迥然不同。除了神学知识外，他们译介了天文历算、舆地、水利、火器等原理。利玛窦与徐光启（1562—1633）共同翻译的《几何原本》前六卷有关平面几何的内容，使用的底本是利玛窦在罗马的德国老师克劳（Christopher Klau/Clavius，1538—1612，由于他的德文名字Klau是钉子的意思，故利玛窦称他为"丁先生"）编纂的十五卷本。[1]克劳是活跃于16—17世纪的天主教耶稣会士，其在数学、天文学等领域建树非凡，并影响了包括伽利略、笛卡尔、莱布尼茨等科学家。曾经跟随伽利略学习过物理学的耶稣会士邓玉函 [Johann(es) Schreck/Terrenz or Terrentius，1576—1630] 在赴中国之前，与当时在欧洲停留的金尼阁（Nicolas Trigault，1577—1628）一道，"收集到不下七百五十七本有关神学的和科学技术的著作；罗马教皇自己也为今天在北京还很著名、当年是耶稣会士图书馆的'北堂'捐助了大部分的书籍"。[2]其后邓玉函在给伽利略的通信中还不断向其讨教精确计算日食和月食的方法，此外还与中国学者王徵（1571—1644）合作翻译《奇器图说》(1627)，并且在医学方面也取得了相当大的成就。邓玉函曾提出过一项规模很大的有关数学、几何

---

1 *Euclides Elementorum Libri XV*, Rom 1574.

2 蔡特尔著，孙静远译：《邓玉函，一位德国科学家、传教士》，载《国际汉学》，2012年第1期，第38—87页，此处见第50页。

学、水力学、音乐、光学和天文学（1629）的技术翻译计划，[1]
由于他的早逝，这一宏大的计划没能得以实现。

在明末清初的一百四十年间，来华的天主教传教士有五百
人左右，他们当中有数学家、天文学家、地理学家、内外科医
生、音乐家、画家、钟表机械专家、珐琅专家、建筑专家。这
一时段由他们译成中文的书籍多达四百余种，涉及的学科有宗
教、哲学、心理学、论理学、政治、军事、法律、教育、历
史、地理、数学、天文学、测量学、力学、光学、生物学、医
学、药学、农学、工艺技术等。[2]这一阶段由耶稣会士主导的
有关信仰和科学知识的译介活动，主要涉及中世纪至文艺复兴
时期的知识，也包括文艺复兴以后重视经验科学的一些近代科
学和技术。

尽管耶稣会的传教士们在17—18世纪的时候已经向中国
的知识精英介绍了欧几里得几何学和牛顿物理学的一些基本知
识，但直到19世纪50—60年代，才在伦敦会传教士伟烈亚力
（Alexander Wylie，1815—1887）和中国数学家李善兰（1811—
1882）的共同努力下补译完成了《几何原本》的后九卷；同样
是李善兰、傅兰雅（John Fryer，1839—1928）和伟烈亚力将牛

1　蔡特尔著，孙静远译：《邓玉函，一位德国科学家、传教士》，载《国际汉学》，
　　2012年第1期，第58页。
2　张晓编著：《近代汉译西学书目提要：明末至1919》，北京大学出版社2012年版，
　　"导论"第6、7页。

顿的《自然哲学的数学原理》(*Philosophiae Naturalis Principia Mathematica*, 1687) 第一编共十四章译成了汉语——《奈端数理》(1858—1860)。[1] 正是在这一时期，新教传教士与中国学者密切合作开展了大规模的翻译项目，将西方大量的教科书——启蒙运动以后重新系统化、通俗化的知识——翻译成了中文。

1862年清政府采纳了时任总理衙门首席大臣奕䜣 (1833—1898) 的建议，创办了京师同文馆，这是中国近代第一所外语学校。开馆时只有英文馆，后增设了法文、俄文、德文、东文诸馆，其他课程还包括化学、物理、万国公法、医学生理等。1866年，又增设了天文、算学课程。后来清政府又仿照同文馆之例，在与外国人交往较多的上海设立上海广方言馆，广州设立广州同文馆。曾大力倡导"中学为体，西学为用"的洋务派主要代表人物张之洞 (1837—1909) 认为，作为"用"的西学有西政、西艺和西史三个方面，其中西艺包括算、绘、矿、医、声、光、化、电等自然科学技术。

根据《近代汉译西学书目提要：明末至1919》的统计，从明末到1919年的总书目为五千一百七十九种，如果将四百余种明末到清初的译书排除，那么晚清至1919年之前就有四千七百多种汉译西学著作出版。梁启超 (1873—1929) 在

---

1 1882年，李善兰将译稿交由华蘅芳校订至1897年，译稿后遗失。万兆元、何琼辉：《牛顿〈原理〉在中国的译介与传播》，载《中国科技史杂志》第40卷，2019年第1期，第51—65页，此处见第54页。

1896年刊印的三卷本《西学书目表》中指出："国家欲自强，以多译西书为本；学者欲自立，以多读西书为功。"[1] 书中收录鸦片战争后至1896年间的译著三百四十一种，梁启超希望通过《读西学书法》向读者展示西方近代以来的知识体系。

不论是在精神上，还是在知识上，中国近代都没有继承好启蒙时代的遗产。启蒙运动提出要高举理性的旗帜，认为世间的一切都必须在理性法庭面前接受审判，不仅倡导个人要独立思考，也主张社会应当以理性作为判断是非的标准。它涉及宗教信仰、自然科学理论、社会制度、国家体制、道德体系、文化思想、文学艺术作品理论与思想倾向等。从知识论上来讲，从1860年至1919年五四运动爆发，受西方启蒙的各种自然科学知识被系统地介绍到了中国。大致说来，这些是14—18世纪科学革命和启蒙运动时期的社会科学和自然科学的知识。在社会科学方面包括了政治学、语言学、经济学、心理学、社会学、人类学等学科，而在自然科学方面则包含了物理学、化学、地质学、天文学、生物学、医学、遗传学、生态学等学科。按照胡适（1891—1962）的观点，新文化运动和五四运动应当分别来看待：前者重点在白话文、文学革命、西化与反传统，是一场类似文艺复兴的思想与文化的革命，而后者主要是

---

1 梁启超：《西学书目表·序例》，收入《饮冰室合集》，中华书局1989年版，第123页。

一场政治革命。根据王锦民的观点，"新文化运动很有文艺复兴那种热情的、进步的色彩；而接下来的启蒙思想的冷静、理性和批判精神，新文化运动中也有，但是发育得不充分，且几乎被前者遮蔽了"。[1]五四运动以来，中国接受了尼采等人的学说。"在某种意义上说，近代欧洲启蒙运动的思想成果，理性、自由、平等、人权、民主和法制，正是后来的'新'思潮力图摧毁的对象"。[2]近代以来，中华民族的确常常遭遇生死存亡的危局，启蒙自然会受到充满革命热情的救亡的排挤，而需要以冷静的理性态度来对待的普遍知识，以及个人的独立人格和自由不再有人予以关注。因此，近代以来我们并没有接受一个正常的、完整的启蒙思想，我们一直以来所拥有的仅仅是一个"半启蒙状态"。今天我们重又生活在一个思想转型和社会巨变的历史时期，迫切需要全面地引进和接受一百多年来的现代知识，并在思想观念上予以重新认识。

　　1919年新文化运动的时候，我们还区分不了文艺复兴和启蒙时代的思想，但日本的情况则完全不同。日本近代以来对"南蛮文化"的摄取，基本上是欧洲中世纪至文艺复兴时期的"西学"，而从明治维新以来对欧美文化的摄取，则是启蒙

1　王锦民：《新文化运动百年随想录》，见李雪涛等编《合璧西中——庆祝顾彬教授七十寿辰文集》，外语教学与研究出版社2016年版，第282—295页，此处见第291页。

2　同上。

时代以来的西方思想。特别是在第二个阶段，他们做得非常彻底。[1]

三

　　罗素在《西方哲学史》的"绪论"中写道："一切确切的知识——我是这样主张的——都属于科学，一切涉及超乎确切知识之外的教条都属于神学。但是介乎神学与科学之间还有一片受到双方攻击的无人之域；这片无人之域就是哲学。"[2]康德认为，"只有那些其确定性是无可置疑的科学才能成为本真意义上的科学；那些包含经验确定性的认识（Erkenntnis），只是非本真意义上所谓的知识（Wissen），因此，系统化的知识作为一个整体可以称为科学（Wissenschaft），如果这个系统中的知识存在因果关系，甚至可以称之为理性科学（Rationale Wissenschaft）"。[3]在德文中，科学是一种系统性的知识体系，是对严格的确定性知识的追求，是通过批判、质疑乃至论证而对知识的内在固有理路即理性世界的探索过程。科学方法有别

1　家永三郎著，靳丛林等译：《外来文化摄取史论》，大象出版社2017年版。

2　罗素著，何兆武、李约瑟译：《西方哲学史》（上卷），商务印书馆1963年版，第11页。

3　Immanuel Kant, *Metaphysische Anfangsgründe der Naturwissenschaft.* Riga: bey Johann Friedrich Hartknoch, 1786. S. V-VI.

于较为空泛的哲学，它既要有客观性，也要有完整的资料文件以供佐证，同时还要由第三者小心检视，并且确认该方法能重制。因此，按照罗素的说法，人类知识的整体应当包括科学、神学和哲学。

在欧洲，"现代知识社会"（Moderne Wissensgesellschaft）的形成大概从近代早期一直持续到了1820年。[1]之后便是知识的传播、制度化以及普及的过程。与此同时，学习和传播知识的现代制度也建立起来了，主要包括研究型大学、实验室和人文学科的研讨班（Seminar）。新的学科名称如生物学（Biologie）、物理学（Physik）也是在1800年才开始使用；1834年创造的词汇"科学家"（Scientist）使之成为一个自主的类型，而"学者"（Gelehrte）和"知识分子"（Intellekturlle）也是19世纪新创的词汇。[2]现代知识以及自然科学与技术在形成的过程中，不断通过译介的方式流向欧洲以外的世界，在诸多非欧洲的区域为知识精英所认可、接受。今天，历史学家希望运用全球史的方法，祛除欧洲中心主义的知识史，从而建立全球知识史。

本学期我跟我的博士生们一起阅读费尔南·布罗代尔

1 Cf. Richard van Dülmen, Sina Rauschenbach (Hg.), *Macht des Wissens: Die Entstehung der Modernen Wissensgesellschaft.* Köln: Böhlau Verlag, 2004.

2 Cf. Jürgen Osterhammel, *Die Verwandlung der Welt: Eine Geschichte des 19. Jahrhunderts.* München: Beck, 2009. S. 1106.

（Fernand Braudel，1902—1985）的《地中海与菲利普二世时代的地中海世界》（*La Méditerranée et le Monde méditerranéen à l'époque de Philippe II*，1949）一书。[1] 在"边界：更大范围的地中海"一章中，布罗代尔并不认同一般地理学家以油橄榄树和棕榈树作为地中海的边界的看法，他指出地中海的历史就像是一个磁场，吸引着南部的北非撒哈拉沙漠、北部的欧洲以及西部的大西洋。在布罗代尔看来，距离不再是一种障碍，边界也成为相互连接的媒介。[2]

　　发源于欧洲文艺复兴时代末期，并一直持续到18世纪末的科学革命，直接促成了启蒙运动的出现，影响了欧洲乃至全世界。但科学革命通过学科分类也影响了人们对世界的整体认识，人类知识原本是一个复杂系统。按照法国哲学家埃德加·莫兰（Edgar Morin，1921—　　）的看法，我们的知识是分离的、被肢解的、箱格化的，而全球纪元要求我们把任何事情都定位于全球的背景和复杂性之中。莫兰引用布莱兹·帕斯卡（Blaise Pascal，1623—1662）的观点："任何事物都既是结果又是原因，既受到作用又施加作用，既是通过中介而存在又是直接存在的。所有事物，包括相距最遥远的和最不相同的事物，都被一种自然的和难以觉察的联系维系着。我认为不认识

1　布罗代尔著，唐家龙、曾培耿、吴模信等译：《地中海与菲利普二世时代的地中海世界》（全二卷），商务印书馆2013年版。

2　同上书，第245—342页。

整体就不可能认识部分，同样地，不特别地认识各个部分也不可能认识整体。"[1]莫兰认为，一种恰切的认识应当重视复杂性（complexus）——意味着交织在一起的东西：复杂的统一体如同人类和社会都是多维度的，因此人类同时是生物的、心理的、社会的、感情的、理性的；社会包含着历史的、经济的、社会的、宗教的等方面。他举例说明，经济学领域是在数学上最先进的社会科学，但从社会和人类的角度来说它有时是最落后的科学，因为它抽去了与经济活动密不可分的社会、历史、政治、心理、生态的条件。[2]

四

贝克出版社（C. H. Beck Verlag）至今依然是一家家族产业。1763年9月9日卡尔·戈特洛布·贝克（Carl Gottlob Beck，1733—1802）在距离慕尼黑100多公里的讷德林根（Nördlingen）创立了一家出版社，并以他儿子卡尔·海因里希·贝克（Carl Heinrich Beck，1767—1834）的名字来命名。在启蒙运动的影响下，戈特洛布出版了讷德林根的第一份报纸与关于医学和自然史、经济学和教育学以及宗教教育

1 转引自莫兰著，陈一壮译：《复杂性理论与教育问题》，北京大学出版社2004年版，第26页。
2 同上书，第30页。

的文献汇编。在第三代家族成员奥斯卡·贝克（Oscar Beck，1850—1924）的带领下，出版社于1889年迁往慕尼黑施瓦宾（München-Schwabing），成功地实现了扩张，其总部至今仍设在那里。在19世纪，贝克出版社出版了大量的神学文献，但后来逐渐将自己的出版范围限定在古典学研究、文学、历史和法律等学术领域。此外，出版社一直有一个文学计划。在第一次世界大战期间的1917年，贝克出版社独具慧眼地出版了瓦尔特·弗莱克斯（Walter Flex，1887—1917）的小说《两个世界之间的漫游者》(*Der Wanderer zwischen beiden Welten*)，这是魏玛共和国时期的一本畅销书，总印数达一百万册之多，也是20世纪最畅销的德语作品之一。[1]目前出版社依然由贝克家族的第六代和第七代成员掌管。2013年，贝克出版社庆祝了其

---

1 第二次世界大战后，德国汉学家福兰阁（Otto Franke，1863—1946）出版《两个世界的回忆——一个人生命的旁白》(*Erinnerungen aus zwei Welten: Randglossen zur eigenen Lebensgeschichte.* Berlin: De Gruyter, 1954.)。作者在1945年的前言中解释了他所认为的"两个世界"有三层含义：第一，作为空间上的西方和东方的世界；第二，作为时间上的19世纪末和20世纪初的德意志工业化和世界政策的开端，与20世纪的世界；第三，作为精神上的福兰阁在外交实践活动和学术生涯的世界。这本书的书名显然受到《两个世界之间的漫游者》的启发。弗莱克斯的这部书是献给1915年阵亡的好友恩斯特·沃切（Ernst Wurche）的：他是"我们德意志战争志愿军和前线军官的理想，也是同样接近两个世界：大地和天空、生命和死亡的新人和人类向导"。(Wolfgang von Einsiedel, Gert Woerner, *Kindlers Literatur Lexikon*, Band 7, Kindler Verlag, München 1972.) 见福兰阁的回忆录中文译本，福兰阁著，欧阳甦译：《两个世界的回忆——一个人生命的旁白》，社会科学文献出版社2014年版。

成立二百五十周年。

　　1995年开始，出版社开始策划出版"贝克通识文库"
(C.H.Beck Wissen)，这是"贝克丛书系列"(Beck'schen Reihe)
中的一个子系列，旨在为人文和自然科学最重要领域提供可
靠的知识和信息。由于每一本书的篇幅不大——大部分都在
一百二十页左右，内容上要做到言简意赅，这对作者提出了更
高的要求。"贝克通识文库"的作者大都是其所在领域的专家，
而又是真正能做到"深入浅出"的学者。"贝克通识文库"的
主题包括传记、历史、文学与语言、医学与心理学、音乐、自
然与技术、哲学、宗教与艺术。到目前为止，"贝克通识文库"
已经出版了五百多种书籍，总发行量超过了五百万册。其中有
些书已经是第8版或第9版了。新版本大都经过了重新修订或
扩充。这些百余页的小册子，成为大学，乃至中学重要的参考
书。由于这套丛书的编纂开始于20世纪90年代中叶，因此更
符合我们现今的时代。跟其他具有一两百年历史的"文库"相
比，"贝克通识文库"从整体知识史研究范式到各学科，都经
历了巨大变化。我们首次引进的三十多种图书，以科普、科学
史、文化史、学术史为主。以往文库中专注于历史人物的政治
史、军事史研究，已不多见。取而代之的是各种普通的知识，
即便是精英，也用新史料更多地探讨了这些"巨人"与时代的
关系，并将之放到了新的脉络中来理解。

　　我想大多数曾留学德国的中国人，都曾购买过罗沃尔特出

版社出版的"传记丛书"（Rowohlts Monographien），以及"贝克通识文库"系列的丛书。去年年初我搬办公室的时候，还整理出十几本这一系列的丛书，上面还留有我当年做过的笔记。

五

作为启蒙时代思想的代表之作，《百科全书》编纂者最初的计划是翻译1728年英国出版的《钱伯斯百科全书》（*Cyclopaedia: or, An Universal Dictionary of Arts and Sciences*），但以狄德罗为主编的启蒙思想家们以"改变人们思维方式"为目标，[1] 更多地强调理性在人类知识方面的重要性，因此更多地主张由百科全书派的思想家自己来撰写条目。

今天我们可以通过"绘制"（mapping）的方式，考察自19世纪60年代以来学科知识从欧洲被移接到中国的记录和流传的方法，包括学科史、印刷史、技术史、知识的循环与传播、迁移的模式与转向。[2]

徐光启在1631年上呈的《历书总目表》中提出："欲求超

---

1 Lynn Hunt, Christopher R. Martin, Barbara H. Rosenwein, R. Po-chia Hsia, Bonnie G. Smith, *The Making of the West: Peoples and Cultures, A Concise History,* Volume II: Since 1340. Bedford/St. Martin's, 2006, p. 611.

2 Cf. Lieven D'hulst, Yves Gambier (eds.), *A History of Modern Translation Knowledge: Source, Concepts, Effects.* Amsterdam: John Benjamins, 2018.

胜，必须会通，会通之前，先须翻译。"[1]翻译是基础，是与其他民族交流的重要工具。"会通"的目的，就是让中西学术成果之间相互交流，融合与并蓄，共同融汇成一种人类知识。也正是在这个意义上，才能提到"超胜"：超越中西方的前人和学说。徐光启认为，要继承传统，又要"不安旧学"；翻译西法，但又"志求改正"。[2]

近代以来中国对西方知识的译介，实际上是在西方近代学科分类之上，依照一个复杂的逻辑系统对这些知识的重新界定和组合。在过去的百余年中，席卷全球的科学技术革命无疑让我们对于现代知识在社会、政治以及文化上的作用产生了认知上的转变。但启蒙运动以后从西方发展出来的现代性的观念，也导致欧洲以外的知识史建立在了现代与传统、外来与本土知识的对立之上。与其投入大量的热情和精力去研究这些"二元对立"的问题，我以为更迫切的是研究者要超越对于知识本身的研究，去甄别不同的政治、社会以及文化要素究竟是如何参与知识的产生以及传播的。

此外，我们要抛弃以往西方知识对非西方的静态、单一方向的影响研究。其实无论是东西方国家之间，抑或是东亚国家之间，知识的迁移都不是某一个国家施加影响而另一个国家则完全

1 见徐光启、李天经等撰，李亮校注：《治历缘起》（下），湖南科学技术出版社 2017年版，第845页。
2 同上。

被动接受的过程。第二次世界大战以后对于殖民地及帝国环境下的历史研究认为，知识会不断被调和，在社会层面上被重新定义、接受，有的时候甚至会遭到排斥。由于对知识的接受和排斥深深根植于接收者的社会和文化背景之中，因此我们今天需要采取更好的方式去重新理解和建构知识形成的模式，也就是将研究重点从作为对象的知识本身转到知识传播者身上。近代以来，传教士、外交官、留学生、科学家等都曾为知识的转变和迁移做出过贡献。无论是某一国内还是国家间，无论是纯粹的个人，还是由一些参与者、机构和知识源构成的网络，知识迁移必然要借助于由传播者所形成的媒介来展开。通过这套新时代的"贝克通识文库"，我希望我们能够超越单纯地去定义什么是知识，而去尝试更好地理解知识的动态形成模式以及知识的传播方式。同时，我们也希望能为一个去欧洲中心主义的知识史做出贡献。对于今天的我们来讲，更应当从中西古今的思想观念互动的角度来重新审视一百多年来我们所引进的西方知识。

知识唯有进入教育体系之中才能持续发挥作用。尽管早在1602年利玛窦的《坤舆万国全图》就已经由太仆寺少卿李之藻（1565—1630）绘制完成，但在利玛窦世界地图刊印三百多年后的1886年，尚有中国知识分子问及"亚细亚""欧罗巴"二名，谁始译之。[1]而梁启超1890年到北京参加会考，回粤途经

---

1 洪业：《考利玛窦的世界地图》，载《洪业论学集》，中华书局1981年版，第150—192页，此处见第191页。

上海，买到徐继畬（1795—1873）的《瀛环志略》（1848）方知世界有五大洲！

近代以来的西方知识通过译介对中国产生了巨大的影响，中国因此发生了翻天覆地的变化。一百多年后的今天，我们组织引进、翻译这套"贝克通识文库"，是在"病灶心态""救亡心态"之后，做出的理性选择，中华民族蕴含生生不息的活力，其原因就在于不断从世界文明中汲取养分。尽管这套丛书的内容对于中国读者来讲并不一定是新的知识，但每一位作者对待知识、科学的态度，依然值得我们认真对待。早在一百年前，梁启超就曾指出："……相对地尊重科学的人，还是十个有九个不了解科学的性质。他们只知道科学研究所产生的结果的价值，而不知道科学本身的价值，他们只有数学、几何学、物理学、化学等概念，而没有科学的概念。"[1]这套读物的定位是具有中等文化程度及以上的读者，我们认为只有启蒙以来的知识，才能真正使大众的思想从一种蒙昧、狂热以及其他荒谬的精神枷锁之中解放出来。因为我们相信，通过阅读而获得独立思考的能力，正是启蒙思想家们所要求的，也是我们这个时代必不可少的。

李雪涛

2022 年 4 月于北京外国语大学历史学院

---

[1] 梁启超：《科学精神与东西文化》（8 月 20 日在南通为科学社年会讲演），载《科学》第 7 卷，1922 年第 9 期，第 859—870 页，此处见第 861 页。

目　录

第一章 —— 经济危机：历史与现状

1873年四五月间，维也纳证券交易所，房地产泡沫破灭。贵族、资产阶级和普通民众组成的众多投资者爆发恐慌。之前被公认成功的银行家和股票交易员突然开始担心自己的生命和自由。有的人开始采取极端手段。维也纳某报纸写道，有些股票交易员"把衣服放在桥上伪造自杀现场，自己换装消失了"。类似报道也出现在2009年1月26日的《明镜周刊》："一系列备受瞩目的自杀事件震惊华尔街。其中一些并非银行家和股票交易员真的自尽了，有些人假装自杀以逃避诉讼。"这种逃避行为似乎并非毫无道理：上一次重大金融危机后，慕尼黑有位刑法教授呼吁，务必要将造成当前金融与经济危机的人绳之以法。纽约资产管理人伯纳德·麦道夫（Bernard Madoff）和众多贪得无厌的基金经理的著名案例更加完整地描绘出这幅画面：金融界似乎掌握在一群毫无廉耻的骗子手里，他们宁可发生严重经济危机，也不放弃任何盈利机会。如果没有无良银行家，过去几年的动荡似乎可以幸免。

回顾过去几个世纪，人们就会对这种过于简化的流行观念产生怀疑。经济危机在历史上反复出现，影响深远，其重要性远超出经济范畴，引发了严重的政治和社会问题。经济危机并非新经验。旧约中，约瑟七个荒年与七个丰年的故事早已广为流传。收成波动及接踵而至的物价上涨、饥荒和贫困始终伴随着古代欧洲史。19世纪以来，即使农业效率的提高克服了这些苦难，危机也绝未结束。此后经济发展的特点是经济上反复受到干扰，不断动荡。收成波动和经济波动不是人类一直必须忍受的唯一灾难。投机危机也是灾难，而且绝不是什么新现象。17世纪荷兰的"郁金香骗局"，18世纪英国的"南海泡沫"，19、20、21世纪的大量投机泡沫，标志着看似永无止境的一系列危机丛丛的经济衰退时期。大范围的国家破产也是如此。美国经济学家卡门·M.莱因哈特（Carmen M. Reinhart）和肯尼思·S.罗戈夫（Kenneth S. Rogoff）认为，国家财政困难或过高债务引发的问题在过去几个世纪频繁引发危机。即使狭义上国家破产的起因通常是政治性的而非经济性的，不必视作经济危机，然而也会呈现巨大的危机态势，正如当前全球国家债务危机所示。纵观全局，危机显然是经济进程的正常组成部分，其形式似乎千变万化，难以归咎于个人责任，更不用说提出某种说服力强的危机理论模型了。德国国民经济学家和经济史学家维尔纳·桑巴特（Werner Sombart，1863—1941年）早在1904年就抱怨，危机理论百家争鸣，实在无法一目了然。严格来说，目前的经济理论完全弃用了危机概念，而是使用衰退、低迷、下行或萧条等概念来表述公众通常理解的经济危机。

尽管表述不准确，使用"经济危机"这一术语仍然很有意义，尤其在公共辩论中其重要性不容置疑。本书用它表示整体经济受到的干扰，既指涉从繁荣阶段或稳定的经济发展阶段走向停滞和衰退的转折，也指衰退和萧条阶段本身。类似地，整体经济表现停滞或下行阶段用衰退一词来表示。由此，投机泡沫破灭或国家支付困难毫无疑问是典型的危机现象，因其对整体经济的意义而成为了讨论主题，可以更准确进行归类论述，而非简单罗列为危机表现出的现象。

旧危机—新危机

从整体经济是否受到干扰的角度看经济结构变迁，可以从历史上对危机进行粗略分类。前现代时期，即19世纪初现代资本主义萌芽前，主要存在农业和食物危机。虽然出现大量的国家破产，投机泡沫出现和破裂也并不罕见，但是在经济依赖农业和努力保障食物的世界，危机给经济整体造成的后果有限。决定危机的是气候和天气。气候条件有利则会收成好、食品价格降低、人口数量增长，进而导致工资下降，商业生产增加。生产提高得益于食品价格低形成的有利需求条件。而歉收会迅速带来毁灭性后果：失业、饥饿和贫困，尤其是在穷人家庭，乞讨和死亡是常客。19世纪，农业的巨大进步终于结束了人类持续受到的这种威胁。

　　前现代时期的危机并未遵循固定节奏，而主要由在当时还无法预测的气候波动引起。随着现代经济的发展，情况发生了变化。经济危机逐渐不再是末日般的规模，转为反复出现的有节奏的模式。这种模式不再由外部扰动导致，而明显是资本主义发展内在规律的表现。卡尔·马克思（Karl Marx，1818—1883年）认为19世纪20年代的经济已经存在有节奏的波动。最晚于19世纪60年代，法国医生克莱门·尤格拉（Clement Juglar，1819—1905年）的观察就已表明，经济结构变迁是周期性的。根据尤格拉相当合理的经验假设，经济上升、繁荣、衰退和萧条的周期，时间相对固定，约为6到10年。较新的经济史著作不会明确定义周期的节奏，只是展示了其不同的幅长，但是尤格拉周期作为经验观察基本上已被证实。

　　与前现代时期不同，现代经济表现出周期性，不过周期应被理解为经济增长趋势和强烈的经济结构变化的必然表现。因此，从繁荣到衰退的转变过去没有、现在也不会总被看作危机，而是可以像"二战"后一样被视为增长期。1848年前的危机或20世纪两次世界大战期间的危机，伴随着巨大的社会贫困，也导致了政治体制危机。显然，有些时期可以接受危机，而有些阶段，危机的严重性猛增，甚至会损害整个社会制度。这可能与经济的长波有关，后文将详细讨论。无论如何，克努特·博尔夏特（Knut Borchardt）借用卡尔·马克思的表述区分现代资本主义的"危机本身"（Krisen an sich）和"认识到的危机"（Krisen für sich），大有裨益。从繁荣到衰退的所有转折"本身"都可以理解为"危机"。但是，这些转折在明显意义上是否也成为"认识到的危机"，不仅取决于危机在整体经济中的规模和造成的社会后果，很大程度上也取决于同时代人对经济事件做出何种反应。企业和家庭的期望、经济科学的公开讨论及政治上的反应，在危机事件中扮演着同等重要的角色。因此，并非所有的经济转折在记忆中均同等存在。近些年的讨论主要让人回忆起当代人认为尤为深刻和巨大的危机。由此可以得出结论，现代的危机事件不仅与宏观经济变量的变化有关，与对它的解读和经济社会政策的反应也有关。如果经历的危机非常剧烈，自然就试图寻找罪魁祸首。这尤其会让"投机"背负恶名，被当作现代经济的祸根。

危机与投机

　　危机，即总会定期发生的对整体经济表现的干扰，在旧土地关系条件下不是今天通俗理解的投机的结果，在现代社会，投机与危机也没有直接关联。投机真正的含义被深埋在各种流行的偏见里，因为从经济角度而言，投机并不邪恶，而是所有经济活动的一种必要因素。进行投机时，预计到未来会成功，进而立刻冒险采取行动，至于此时的行动是否成功只有未来知道。经济想要向前发展，不愿重复往昔或原地踏步，投机是必要先决条件。这并不意味着投机总是相同的，历史上的投机总无差异。毫无疑问，有些时期投机活动利多，有些时期利少，过去和现在都存在过度投机，但这些只在事后才能确定。决策时刻难以预料投机的结局！而恰恰能确定的历史真相是，在投机危机里，众人皆知何时可以开始投机。通常高预期遇到好的流动性及低利率，可能有利可图的交易容易获得便宜的信贷时，总会出现较大的投机。这样的投机浪潮往往会自我强化，其推手是对交易本身缺乏兴趣，对利用价格差兴致盎然的市场参与者，即套利者。到了某个时间，高预期需要自证存在的合理性，此时，投机泡沫就会破裂。这种破裂对旧世界的影响有限，因为农业本身几乎不受影响。现代资本主义则不同，如果全体市场参与者都认为价格会上涨，前景看好，投机行为通常就会与经济周期的上升阶段挂钩。现代资本主义的特点还在于，实际上将投机要素制度化，以便通过新型公司（股份有限公司）和新型融资结构（证券交易所、资本市场）为大型项目融资。19世纪以来，虽然也存在无关经济周期的投机，但投机通常伴随经济上行开始，推动繁荣并逐步增强，直到暂时过高的期望无法兑现成销售、利润和回报。现代世界的投机也是金融市场对剧烈结构变化的预期的表现，可能倾向于过度。即使可以限制投机规模，投机也是现代资本主义无法避免的风险。

　　限制本身也并不容易。针对投机行为后果的保障具有自相矛盾性，特别是 19 世纪 70 年代以来大量采用的对冲交易本身就有投机性质：如果投保损失，那么出现损失可能会是笔好业务。因此，无论如何需要充分考量对投机的限制。

　　经济危机史必须考虑到投机，但不能将其作为起点。从历史上看，危机的扩散不依赖于投机，绝不是可避免的例外。本书考察的重点是各时期典型条件下整体经济受到的干扰，主要是前现代时期的农业危机、现代经济各周期及相关投机事件。偶尔涉及国家破产和国际收支危机，但它们有各自特有的成因，遂不予系统分析。

　　经济危机不止步于政治边界。天气无国界，股市走向也不会尊重国家差异，至少只要不出现如 1945 年后东欧国家或国家团体完全退出国际经济的情形，就会如此。因此，18 世纪末以来的经济危机，特别是现代经济危机，都具有国际性。最晚从 19 世纪 50 年代起，至少在资本主义世界，经济危机都是潜在的全球性经济危机。考虑到这点，以下不单独列选不同国家表现各异的危机过程，而是结合实例，主要就近探讨欧洲（尤其是德国和英国）和北美（美国）的危机。鉴于篇幅有限，而迄今为止的文献都专注于资本主义世界的中心，因此必然无涉全球经济的广大多数地区，本论述也不例外。这很遗憾，因为欧洲和北美的经济危机在所谓殖民地或者发展中国家总有"对应物"，这些国家的发展常常受到"北方"危机和"北方"参与者行为的显著影响。危机的历史轮廓当然不可能只关乎"西方"。亚洲在资本主义世界经济的崛起表明，那里也会出现19世纪初以来欧洲和美国所出现的危机。

第二章 ———————— 危机知识：简述

　　当今，国家理所当然地使用经济、金融和社会政策手段应对经济危机以限制其后果，甚至也会试图预先用反周期措施彻底避免危机。这种做法并不陈旧，因为在经济过程中做如此干预，仅靠良好愿望是不够的。首先需要知道面对的对象是什么，然后才是为诊断出的经济问题寻找合适的"药方"。因此，诊断和处理危机的知识能力主要取决于能正确理解与阐释危机的程度。经济统计学和经济理论是所有危机历史考量的起始点。

　　从危机史的角度看，1945年以前，国内产品、货币存量、投资率或失业率等宏观经济的必要数据，并不完整。19世纪末，经济统计才真正开始。第一次世界大战开战前不久，尤其两次世界大战期间，除了各国官方统计数据（各国出于行政、财政和政治需要，开始记录各自领土上的经济活动）之外，还出现了经济观察和经济研究机构。首家此类机构是美国国家经济研究局（National Bureau of Economic Research），成立于1912年，至今仍是世界上最重要的经济研究机构。1925年，在德意志帝国统计局局长恩斯特·瓦格曼（Ernst Wagemann，1884—1956年）倡议下，经济研究所（现名德国经济研究所DIW）在柏林成立。第二次世界大战后，研究机构数量进一步增加，仅德

国目前就有七家相关机构，其中某些机构历史十分悠久。这样
看来：直到19世纪20年代后，才出现了较可靠的经济与危机
发展的数据；尤其在第二次世界大战之后，随着国民经济核算
的国际标准化，经济和危机数据可以得到准确统计。而在1914
年以前，人们使用较为简单但说服力强的指标，特别是使用价
格与利率发展数据、外贸数据和破产数据，这些数据当时并没
有统一的国家或国际标准可遵循，信息并不总是准确，因此只
能一定程度上算作经济发展的研究依据。

　　但是如何解释这些数据，做出哪些恰当或乐见的反应，
我们无法直接从数字本身获得答案。很多时候这取决于试图
影响国家走向的大型游说团体的影响力（时至今日依然如
此），但更重要的是取决于对经济事件做出反应的各种经济理
论的立场。我们完全可以认为，这是经济发展和经济知识的
某种协同进化，换言之，我们绝不能认为这是一种稳定的进
步，是我们知识的扩充和改善。这种协同进化的思想认识储
备有些局限，基本上就是分为两大对立阵营，一方是古典和
新古典经济理论，把危机看作需要避免的对均衡的干扰，另
一方是约瑟夫·A.熊彼特（Joseph A. Schumpeter，1883—
1950年）等理论家，认为经济周期是资本主义进程的实际形
式，原则上甚至对其持欢迎态度，因为经济周期代表了经济
和技术结构变革的关键时刻。对于熊彼特而言，经济均衡最
多是种过渡阶段，绝不是国民经济的稳定状态。

　　前现代时期几乎没有任何解决经济干扰的经济理论，但这并不意味着那时没有考虑如何应对持续威胁生存的物质匮乏。古代的王侯幕僚，或是近代的商业财政咨询类文章，都建议当权者做储备，通过禁令与价格税以阻止掠夺性定价及趁火打劫。17和18世纪的所谓持家宝典（Hausväterliteratur）还包含对可持续持家的思考，谨慎经营，让家庭在困难条件下也能生存。今天看来保守、未必体现进步的宝典，在当时，一个本质上仍然处于静态的世界，却具有积极意义，因为它们建立在已有经验基础之上，相对而言其他方法都过于冒险。

　　18世纪出现在英国，随后传播到欧洲大陆和美国的古典经济学，并未真正研究经济危机"本身"，即最迟于18世纪末出现的经济波动现象。这些现象当时可能存在，但是被认为是外因诱导。在牛顿均衡概念主导的经济思想里，至少在竞争和自由市场能够得到保证的情况下，资本主义经济会运作良好。如法国经济学家让－巴蒂斯特·萨伊（Jean-Baptiste Say，1767—1832年）的经典表述：此时，每个供给都会自己创造需求，因为在产品生产中，支付了消费所需的工资。萨伊定理不考虑分配问题，据萨伊的观点，市场作用也毫无延迟，这样在理论上每件产品都能找到买家。英国哲学家和经济学家约翰·S.密尔（John S. Mill，1806—1873年）后来承认，市场扭曲和投机现象完全可能发生，只是对系统整体的影响不大。由此看来，作为资本主义市场经济正常运转形式的经济危机不会出现，受外部干扰后，经济系统总是倾向于无危机的均衡状态。

持反对观点的人，如英国经济学家托马斯·R.马尔萨斯（Thomas R. Malthus，1766—1834年）、瑞士历史学家和经济学家西蒙德·德·西斯蒙迪（Simonde de Sismondi，1773—1842年），他们的声音被忽略了。19世纪上半叶的危机虽然无法忽视，但其产生或被认为由外因造成，特别是气候引起，如1817年至1818年笼罩全欧洲的农作物歉收；或被看作是市场参与者行为不当造成的投机。19世纪中叶，卡尔·马克思才真正对这一设想提出质疑，但未能彻底改变均衡范式。他更多陷入客观价值论，认为产品价值由生产成本客观决定，尤其是劳动力成本，这最终阻碍了他发表更重要的经济论文。马克思的核心论点涉及资本的使用条件和形式：使用资本时，产出价值比劳动力再生产必需的价值（工资）更高。这推翻了萨伊定理，因为此时，实现利润的过程中必然出现问题：生产产品总量价值高于生产成本，产品必然不容易找到买家或者某些产品价格必须被迫低于劳动价值。这样一来，产品生产商在市场上无法实现生产中想得到的剩余价值，其结果就是资本家之间进行残酷竞争，而竞争本身就可能具有危机性。但是马克思又认为，竞争的结果是所有价值总和与实现的价格总和相同，这样一来，萨伊又被证明是正确的了：一个资本家要能提高销售，其他资本家都得付出代价。由此可见，资本主义导致资本家之间引发危机的相互竞争，每个人都寻求利润最大化，这导致了不断反复的螺旋发展：投资过热、生产过剩、竞争激烈、危机、资本销毁、重新开始。马克思同时也指出利润率总体趋于下降，因为竞争之下，固定资本（机器、建筑等）会不断提升，剩余价值只能通过剥削可变资本（即支出的工资总额）获得，可变资本占总资本额会逐渐回落。因此，利润率趋于下降，竞争更加激烈。用扩张市场（帝国主义、殖民主义）化解这个问题的尝试，成功的可能性有限，甚至会加剧帝国主义国家间的竞争。长此以往，资本主义将历经各种规模较小、愈演愈烈的危机，最终走向终结。

劳动价值理论尽管被认为其基础不够充分，马克思及其追随者的这一思想仍抓住了现代资本主义结构的关键。其假设合理地解释了经济周期，即在经济上升期，由于竞争激烈，生产过于扩张，最终必然导致大幅缩减。只是这一思想有其理论和历史哲学的局限性：马克思低估了的，恰恰是他自己所描绘的竞争机制所推动而加快了的经济和技术结构变化。这种变化让资本利用过程中总是出现新产品，过程不断重新开始。利润率不会出现下降趋势，资本主义的危机也没有显现出资本主义即将终结的任何端倪，反而表现出旺盛的生长能力。

即使19世纪60年代克莱门·尤格拉的观察无可争议，19世纪80年代经济繁荣时期崛起的新古典主义国民经济学学派仍然不认为波动是资本主义发展的必然要素。在此，均衡趋势并不源自萨伊定理，而是考虑到在自由定价时，只有收入能覆盖支出，经济活动才值得进行。在此观点下，价格至少在理论上与产品的任何价值均无关联，而是由供求决定的，进而产生市场用以结算的均衡价格。因此，自由定价情况下销售不存在问题，也没有非自愿失业。此时，危机或扰动只可能是外部效应的结果，自由定价受阻时更是如此。因此，国家的任务是保证自由定价，除此则置身于经济事件之外（国家守夜人）。新古典主义认为不可能产生内生原因造成的危机，其代表人物包括卡尔·门格（Carl Menger，1840—1921年）、欧根·冯·伯姆－巴韦尔克（Eugen von Böhm-Bawerk，1851—1914年）、威廉·S.杰文斯（William S. Jevons，1835—1882年）、莱昂·瓦尔拉斯（Léon Walras，1834—1910年）及阿尔弗雷德·马歇尔（Alfred Marshall，1842—1924年）。

在新古典主义经济学中，例如克努特·维克塞尔（Knut Wicksell，1851—1926年）的论述就提出，利率机制的作用尤其可以解释可能发生的危机现象。如果银行系统把市场利率固定在均衡利率之下，会极大刺激企业筹集资金投资扩大生产，甚至生产出远超消费者需求的产品。因而产生过度投资，最终表现为价格暴跌、生产销售回落及市场利率和均衡利率一致。因此，利率机制隐藏的风险极大；特别是央行利率政策可能给国民经济的均衡造成灾难性后果。新古典主义的政治信条的结果就是尽量让经济免受监管地发展，保护市场机制不受干扰。如果发生危机，从清理市场的角度而言是有积极意义的，因为危机纠正了虚假利息信号引发的错误发展。

熊彼特却认为，均衡状态是静止停滞的体现，会让人无法充分理解资本主义秩序的动力。熊彼特的经济发展理论关注的核心是创新型企业家破坏均衡的不断再现的过程。均衡状态下，所有公司都会依照边际成本生产，一切保持不变。这种情况下，如果一位"企业家"（熊彼特用这个词区别只进行传统经营的"店主"）在市场上投放新产品或采用新工艺，持续地实现创新回报，直至新产品或新工艺普及，所有人再次按照边际成本均衡生产。熊彼特模型的核心是对创新周期的描述，它含有两种不同的波动：较短的经济波动，主要源于投资周期（尤格拉周期）和储备周期（基钦周期）；长期波动［康德拉季耶夫长波，以俄罗斯经济学家尼古拉·康德拉季耶夫（Nikolai Kondratjew）名字命名，他首次提出存在基于长期价格序列分析的长波］，长度约为50至60年。长期波动是所谓基础创新的结果，基础创新向整个国民经济辐射，影响深远，决定着较长时间里的整体国民经济环境——先是上升，之后衰退。1939年，熊彼特在其经济学说中提出截至其时的三个长波，前两次即1787年至1842年和1843年至1897年之间。而从1896年至1897年就开始的第三次长波，在20世纪30年代尚未结束。熊彼特认为，1929年全球经济危机的程度如此严重，是因为尤格拉型危机和经济长波的顶部拐点重合。根据熊彼特的观点，在繁荣之后，经济衰退阶段和"危机"必然随之而来，只要有充足的创新，足够多的企业家能抵抗阻力实施创新，这样的波动过程至少整体上会一直向上发展。

　　熊彼特的经济理论构想于第一次世界大战之前，20世纪30年代润色完善，却未得到同时代的认可，也许是因为该理论似乎含有一定的经济宿命论。无论如何，时代需要一种主动组织经济的理论，而除去对企业家和创新的泛泛介绍，熊彼特无法提供这样的理论。当然，两次世界大战之间的经济经验对于新古典主义的经济自由主义也提出了严峻挑战，在战争和通货膨胀消失后，经济明显没有达到无危机发展的新均衡状态，反而从一个危机蹒跚而行至另一个危机。在有些状态下，如劳动力市场存在的不均衡，事实证明是稳定且持久的。这是约翰·M.凯恩斯（John M. Keynes，1883—1946年）经济理论的出发点。对于受均衡理论教育的凯恩斯而言，初始观察很简单：不均衡显然是可以持久的。随之而来的是要寻找导致持续不均衡的原因，并且必须从问题解答中得出治理方案。凯恩斯认为，从劳动力市场不均衡的背景中能够识别出整体经济需求疲软，这又反过来导致劳动力生产要素的利用不足。他认为需求疲软的原因，简言之就是在对未来预期为负面或高度不确定时，企业和家庭倾向于谨慎投资与消费，即行动者产生对流动性的偏好。市场参与者不进行经济行动，进而严重干扰经济周期的现象，新古典主义并不了解。新古典主义认为，每一份收入都会被自动用于消费品和投资品的需求。在凯恩斯主义的思想中，流动性偏好造成的需求缺口应该由政府用提高自主（即债务融资）需求的方式来弥补，直到劳动力市场的不均衡消除，经济机制再次发挥作用，于是国家能够取消其措施，清偿之前的借贷。反周期经济政策理念由此诞生，其基本思想是，国民经济均衡不会自发出现，政府必须不时干预以提供帮助。这样，一种心理上的危机理论就与国家提供帮助的思想相结合。

这一观点完全能与新古典理论结合，它主张国家只在经济平衡不自发出现之时进行积极干预。因此，第二次世界大战后出现了新古典主义和凯恩斯主义思想的一种综合体。这种观点认为，周期性波动是外部或内部变化的结果，经济系统或部分经济系统通过自身的改变对这些结果做出反应，通过乘数和加速杠杆还会使这些改变相互加强。因此，经济发展的动力遭受过度反应的危害，须予以相应补偿，其目标是通过国家干预，能在经济秩序和经济过程中制造出均衡增长的状态。这些干预不应当武断进行，而应是分析国民经济的结果，因此，分析时必须努力精准地使用统计和数学方法，再现经济系统内部的相互依存，以便尽可能精确地掌握各参数变化的适应反应。这些增长与经济理论的假设是宏观经济调控的理论基础。20世纪50年代和60年代，经济调控在全世界成为主导行动模式；在1967年联邦德国通过稳定法案，用立法推广宏观调控也是受此影响。但在20世纪70年代初，宏观调控却突然遭受失败，因为它无法控制因政府支出增加而加速的通货膨胀，通过轻微通货膨胀来提升经济动力的希望落空了（滞胀）。

这场凯恩斯主义的宏观调控危机，开启了"货币主义者"时代。芝加哥经济学家米尔顿·弗里德曼（Milton Friedman，1912—2006年）和安娜·J.施瓦茨（Anna J. Schwartz）多年前就在《美国货币史》中提出一种观点，认为两次世界大战期间的危机，尤其是全球经济危机是美联储过度紧缩的货币政策造成的。据此观点，货币供应与经济动力不平行发展，就会产生危机。通货紧缩和通货膨胀均会导致危机式发展，因此同样需要避免。若货币供应量政策正确，国家谨慎干预，则自由市场总会完美发挥作用，不会出现危机。20世纪70年代，政府赤字不断增加，经济势头放缓，建立在凯恩斯主义基础上的英美两国经济调控和福利国家的整体模式引发讨论，因为国家很显然在经济方面越来越失去动力。曼瑟尔·L.奥尔森（Mancur L. Olson，1932—1998年）还把这种情况的出现归咎于有组织的利益集团对公共行动的影响，认为局部利益越来越多掌握着公共行动，而牺牲了公共利益。倡导全球化、放松管制、开放国际资本市场和金融市场及货币供应量政策主导，俗称新自由主义，是对20世纪70年代的危机、国家债务、放缓的经济势头、凯恩斯主义的光芒消退在理论上的回应。凯恩斯主义随后被判死亡，直到近期的经济危机才重被唤醒。

这一时期，在"抗争"经济危机、重新调整经济金融政策时大受欢迎的显然是新凯恩斯主义理论，拥护者有海曼·闵斯基（Hyman Minsky，1919—1996年）和保罗·克鲁格曼（Paul Krugman），后者可能也是为挑战货币主义在美国的主导地位。闵斯基的主要观点包括这样的假设，即金融市场参与者的行动不会总引向完美的市场均衡，个体行为完全可能各不相同，但是相当理性，为市场运作方式带来相应后果。鉴于行动者对未来缺乏信心，金融市场结构会不稳定；这导致波动出现，在某些经济条件下会达到危机的顶峰。如此一来，闵斯基的论述结合了缺乏信心导致金融市场结构不稳定的观点与经济周期性运动的经验。当然，不是所有认为金融市场内生不稳定的经济学家都持这一论点。保罗·戴维森（Paul Davidson）和查尔斯·金德尔伯格（Charles Kindleberger，1910—2003年）同样认为这种不确定存在，但不认为不稳定是经济周期性运动的原因或表现形式。相反，戴维森惊讶于尽管行动者不确定，但金融市场却依旧稳定；金德尔伯格则认为金融危机不可避免，但没有把危机与国民经济运行的节奏加以对照，而是归因于行动者的投机意愿和信贷系统导致的货币供应量扩大。两人各自诊断的结论也不相同。戴维森主张制度约束，金德尔伯格则认为这种类型的危机不可避免。危机讨论会向何方发展，目前还不能确定。可以确定的是，在可预见的未来，所谓完美市场的观点与经济参与者的行为理性观念一样会失去影响。钟表的摆锤似乎更倾向于金融市场调控，却未真正意识到其含义所在。

　　总结经济危机的理论思想会发现，事实上并不存在真正的危机理论，更多的是对于均衡受到干扰的观点，无论这些是必然的，还是可避免的干扰。让人印象尤为深刻的是，许多货币主义或凯恩斯主义的经济学家认为，危机是可避免的现象。皮球就这样踢到了政治球场，希望能够通过采取适当的政治措施让经济不间断地发展。不过，历史证据对此做出了反驳，无论有效性如何，积极的经济政策会让国家迅速担负过多要求。马克思和之后的熊彼特都正确地指出，危机更多是资本主义结构变迁的要素，是在履行必要的职能。现代危机当然具备系统性的特点，描述的是资本主义的一种典型现象。另一方面，下面的介绍也会揭示出，每个危机也各有特点。只谈及与系统性相关的背景，会非常限制对危机的理解，此外，关键是还要从危机各自的历史特征去理解危机。

第三章 ——— 旧欧洲的苦难：前工业
时代的经济危机

19世纪中期，旧欧洲仍占主导地位，世界经济仍挣扎在生计线上。靠天吃饭时期，作物歉收是持久的威胁。在所谓的繁荣时期，人口规模增长越快，歉收引发的农业危机造成的破坏就越严重。与这一影响相比，前现代时期较少出现的投机危机和并不罕见的国家破产，其经济意义并不重要，但它们的展现模式从17世纪一直持续到现在。因此，无论更久远的"农业危机和农业经济周期"（威廉·阿贝尔，Wilhelm Abel），还是前现代时期偶然出现的个别投机危机，都值得仔细研究。

"旧式"危机

在生产者直接消费自产产品的生计经济里，收成的波动首先体现在收成量上。可用卡路里不足以养活人类和牲畜，歉收会迅速演变成危机，对生存造成威胁。丰收则促进了经济的短暂发展，人畜数量增加，而牲畜在下一次危机中可成为重要抵押品。不过，自中世纪后期以来，至少在中西欧地区，单纯的生计关系已经很少见。这里的农民一旦必须出售部分收成以纳税、采购商品和购买服务，其营生就已经直接或间接被纳入当地市场和区域市场活动。在一个局部或深度市场融合的世界，收成波动影响相对容易传递，有时也可能更为严重。从关系模型看可知价格随作物产量下降而上升，随产量上升而下降。这引发了一个较多关注的现象，就是收成量越多，可能（市场）价值越低，因此并非所有农产品生产者都会对高收成量感兴趣；相反，他们会在收成量大的时候，人为减少供应以稳定价格水平。这种策略总会引发部分农村和城市人口大规模抗议，当局不得不通过颁布大量规定来禁止这种销售手段。

　　这种关联通常复杂得多。非农经济的人口通常情况下购买力很低，农产品价格升高首先会导致对非农产品的需求减少，因为大部分收入必须花费在食物方面。如果物价继续上涨，劣质食品就会取代优质食品，最终导致尤其低收入阶层的饥饿和疾病，乞讨和不轨行为增多，死亡率急剧上升。不仅城乡"消费者"会受物价上涨打击，随着对工商产品需求的减少，行业价格下降，工商产品的生产商，尤其是城市手工业者，包括农村手工业者也被迫降低生产成本，或者甚至主动停产。食物价格高导致工商业生产也相应回落、工资降低、非农经济的失业增加。因此，农产品高价造成了一种困境且毫无改善余地：农产品的价格高涨，收入减少，手工业和工商业尤其首当其冲。

　　这个问题并不会影响全部家庭，农产品供应商的情况会更加分化。市场份额高的农场甚至会从歉收中受益，有时候上涨的价格甚至不只能弥补销量的下降，即使收成量下降也能保持可投放市场的盈余充足。而市场份额低的中小型农场则会遭受收成短缺和物价上涨的双重痛苦，可投放市场的总量减少或彻底消失，甚至食物和种子都得采购。作物歉收对本就贫困少地的底层群体而言更是灾难，因为没有粮食供应的其他替代方式，共同使用的土地（公享地）也很快被过度使用。危机里，饥饿和乞讨随处可见，农村穷人常涌向城市，那里的供给情况大都仍好于农村，因为行政官执行着储备政策。农产品价格上涨主要让农村大生产者"地主们"受益，其他人群则滑入全面危机。然而丰收时，不仅城市居民，农村众多人口也能获益。只是对于理性经营的大农场而言，农产品价格下降是造成收入下降的原因之一。

暂时抛开短期的观察，让我们转向中长期发展。考虑到人口增长，前工业时期的农业经济和农业危机之间的关联更复杂。旧欧洲的人口增长与经济表现之间存在一种中期关联，可以用模型理论总结如下：随着人口增长，农业和工业生产率先增长，农产品价格上升，收入增加，（大多固定的）绝对纳税量也随之增加，税率却停滞或回落。但是由于人口增速快于农业生产率，最终人均粮食供给变小（马尔萨斯陷阱），人口的生存机会降低。于是反过程开启，人口和生产下降，税率上升，农产品价格下跌，实际工资上涨。用这种方式可以区别中长期变化（"长波"），上升阶段人均收入通常会下降，人口减少和价格下降的衰退阶段，大众生活水平可能显著提高。比较严峻的是中期人口增长过程逐渐停滞，因为饥饿、疾病和死亡而人口萎缩的时期，如14世纪中叶开始的黑死病瘟疫时期或16世纪30年代后的小冰河期（16世纪70年代至19世纪中叶欧洲平均气温下降）。短期收成波动的影响是不同的，这取决于是处于长期的上升期还是衰退期。

如果进一步关注1800年前欧洲经济的中期发展，可以看到所有地区和国家差异具有一种特定模式，最明显的表现是其人口发展。

14世纪初之前经济繁荣，人口随之增加；之后在14世纪出现危机，同时，黑死病导致人口大幅减少。15世纪和16世纪前六十多年，人口水平从较低水平缓慢回升，直至16世纪晚期和17世纪的中欧危机时期结束，危机期间，旧的帝国人口再次显著减少。18世纪，这时人口又进入缓慢恢复期，直到18世纪末普遍认为出现了人口过剩。这些形成了托马斯·R.马尔萨斯至少在当时令人信服的论点基础，即通常人口增加比食物增多的速度快，因此，如果当权者不大幅限制人口增长，就会被迫一再进入调整危机。

在人口相对较少的经济上升阶段，人民生活水平的条件还比较便利。但随着人口持续增长，生活水平就会下降，最终在人口相对过剩或达到（因气候可能增加的）生产效率障碍时，严重危机必然会出现。15世纪，欧洲许多国家的生活水平相对较高，这也验证了一个事实，即当时的肉类消费量直到20世纪才部分恢复。16世纪30年代后，在美洲的黄金和白银涌入的助涨下，也由于人口增长导致物价上涨，生活水平明显大幅下降。小冰河时期的开始导致人口急剧下降，在德国，因为三十年战争，人口的下降一直持续到17世纪下半叶。16世纪中叶起，由于饭菜简单甚至极简（"粥和米糊"），农村饮食习惯发生根本变化。牲畜在多地成为与人争食者，从农村消失。即使在18世纪，条件比较有利，人民普遍贫困的情况也未得到缓解，这基本上持续到了19世纪。很多资料提到了造成严重生态问题的土地过度使用，这也是人口再次增长，但农业生产力只是略有提高，因而普遍激烈争夺食物的结果。各地区这些进程差异很大。中欧和东欧大部分地区直至18世纪后期的变化都不大，而英国和法国北部部分地区，尤其荷兰各地，自18世纪初以来，农业生产率得到改善，生活水平显著提高。

这些发展过程中持续出现物价上涨和饥荒危机，这里就其做进一步的观察。1571年至1574年（小冰河期开始）间，一系列寒冬和多雨的春天导致大量农作物歉收，这尤其在中欧大陆造成价格飙升，特别是粮食价格涨幅增大。港口城市容易获得食物，问题相对缓和。饥饿和死亡增加，具有攻击性的乞讨行为大范围出现，各座城市不得不采取各种防御措施，如禁止非本城市居民迁入。纽伦堡和奥格斯堡同时也尝试通过购买余粮为本地人口提供必需的食物供给，但收效甚微。尽管采取了各种措施，这段时间内奥格斯堡的死亡率还是增加了三倍。同一时期来自奥格斯堡的一条消息称："农村民众成群结队聚集在奥格斯堡城门前，乞求获得面包和工作，在农村已经无法获得这些。"奥格斯堡一位市民说，"在农村，人们由于饥饿虚弱，已经无法行走，很多挨饿的人已经奄奄一息"。图林根州的档案中记载，1571年，"粮食采购与日俱增，穷人中弥漫着巨大的绝望和悲痛……穷人的孩子因为饥饿食用新鲜树叶"（威廉·阿贝尔，1986年）。

　　1771年和1772年，气候不利，在萨克森州、巴伐利亚州和瑞士也出现了类似的严重问题。农村人口短时间内完全陷入贫困。饥荒、流行病和偶尔出现的食人情况，这些要求当局采取相应措施，但效果却不尽如人意。安斯巴赫下令捕杀所有的狗，并试图小额悬赏消灭麻雀，因为它们都会与人争抢食物，但一切都是徒劳。目击者报告显示，这些措施均收效甚微，正如1772年秋季，厄尔士山脉一位牧师报告说："我目睹贫苦……大多数居民衣衫褴褛，不遮下体，家徒四壁，以地为席……许多居所人已死尽，房子被邻居拆散作烧柴，好能勉强维持自己和孩子多生存几天……很多人对疾病痛苦已无知觉，身体浮肿，气喘吁吁，走路踉跄，大概是因内脏萎缩。仅仅14天前，艾本斯托克地区有两名孩童，去森林采摘黑浆果，劳累过度，倒在路边，被发现时已经死去。"（威廉·阿贝尔，1986年）

　　如果说16世纪和18世纪末，主要是严寒的冬季和多雨的春季带来饥荒灾难，那么1816年，印度尼西亚坦博拉火山喷发，可能也是过去10000年来最严重的火山喷发，让北美洲和欧洲大部地区根本没有夏天。这严重影响了1816年和1817年的作物产量，收成极少，迅速导致中欧地区粮食价格猛涨，饥荒蔓延。在中欧和西欧，旧欧洲的危机最终以末日升级版告终。1846年至1847年，整个欧洲的降水量差强人意，粮食歉收。受马铃薯歉收蔓延影响，原本就在上涨的粮食价格更为高昂。马铃薯在欧洲普遍开种后，贫民阶层大都转为以马铃薯为主食，因为按照卡路里计算，马铃薯每公顷的产量高于传统粮食作物。马铃薯歉收和农产品高昂的价格，使食物供应不足的地区的人们陷入苦难。受灾最重的爱尔兰在短短几年之内流失了三分之二的人口：三分之一人口死亡，另外三分之一移居美国。据估计，爱尔兰人口减少的程度，在进入20世纪后很长时间都未恢复。

1846年至1847年，农业危机对欧洲大陆没有造成如此大的伤害，因为铁路网能联结农产品过剩地区与不足地区，而之前由于运输成本过高，这种交换无法进行。尽管如此，大部分贫困人口的状况并不好。德国的贫困化，即早期工业时代普遍存在的大规模贫困，再次经历高潮，其影响毫无疑问参与形成了1848年的革命气氛。虽然近期研究表明19世纪60年代饥荒现象仍然偶发，但是这些年的农业危机仍是旧有格局发展模式的最后一次危机，尤其是铁路建设不仅利于粮食产品的区域交换，也便利了出口。此后农业生产力的提高终结了短缺现象。相较于前现代时期，自此开始，农业遭受的是生产过剩、价格趋低之苦，这种状态让旧欧洲的关系发生了翻天覆地的变化。

旧欧洲的投机危机

最近的经济史研究早已抛弃长期以来的观点，即认为欧洲至少中欧和西欧是同质经济体。1800年以前，在还算发达的一片农业"海洋"中，有几座高度发展的"孤岛"：一些城市和地区，这里人口密度高，生活技术相对现代，尤其是生活水平更高。区域差异和城乡差别实际上确实是旧经济的基本特征，高度发达的城市如阿姆斯特丹、伦敦和巴黎，自16世纪以来经济已经完全现代化。例如，从16世纪开始，银行、国际贸易公司、大型贸易公司和大交易量的证券交易所决定着阿姆斯特丹的日常生活。大量的商品转运，必须预先提供资金进行采购，以期之后能够转销出更高价格，这些在这里早已是司空见惯；农村仍旧是沿街叫卖的小商贩和少见的年集构成的景象。同样，第一批信贷和投机现象已在这些世界经济中心出现，伺机在"有利"条件下发展成泡沫，在爆破声中破灭。这些投机危机按照特定模式发展，这种模式今天仍普遍存在。某种货物的价格上涨，某些交易或世界上某些地区预期会有积极盈利，可能出现相关交易的垄断和特权，这些起初会增加富人的投机行为，之后扩散到更多普通大众，进而影响价格上涨。相关货物的价格、相关业务企业的股票价格疯狂上涨，引发推动信贷融资的进一步投机，这时候大量套利者挤入市场，他们是只关心股票价格变化，对货物或企业本身缺乏兴致的投机者。融资越容易，套利生意就越有利可图，因为投机者常常用谣言、内幕消息或类似情况措施迷惑市场。货物价格和股票持续上涨，投机泡沫产生，越来越多的"普通人"参与其中。任何一件随机事件使泡沫破灭，投机者和其他市场参与者的预期突然转为负面，抛售潮出现，贷款到期，但因价格和股价下跌无法付息，银行和贸易公司也因此被拽入旋涡。人人试图自救，确保自己的钱不会有损失。结果信贷市场干涸，未参与投机的商人也被卷入。整体商业活动减少，直至价格下跌逐渐失去动力，一段时间之后重新出现上涨。投机泡沫破灭后，接踵而至的先是破产，其次是一般性信贷紧缩，利率上涨，业务往来减弱。政府一般在此时介入干预，采用各种措施支持贷款，挽救重要商家避免其垮塌。如果条件有利（项目、流动性），这种类型的投机泡沫随时可能出现。只是危机过后还需一段时间，投机的渴望才会再次清醒，因为"宿醉阶段"可能会持续相当长时间。

1634年至1638年间，低地国家荷兰的郁金香狂潮就是个样板。基本上，这是一次商品期货投机，是16世纪欧洲对从亚洲和奥斯曼帝国引进的郁金香及大量新品种的狂热喜爱导致的。新品种中最著名的是"森伯奥古斯都"郁金香，它的最高价格每单球高达10000荷兰盾。价格不断上涨迅速吸引投机者，他们贷款卖空，希望在交货前倒卖以显著增加股票收益，为贷款付息。郁金香股票权证也被交易。股票价格走向显示，一段时间里这一业务进展顺利，短时间内价格就涨了五十倍，一些投机者暴富。有段时间用三枝令人垂涎的郁金香球茎就能在阿姆斯特丹买套房子！

1636年至1637年之间的冬天，多数荷兰人都参与的此项投机达到顶峰，然而到1637年2月却戛然而止。郁金香价格发展的预期逆转，走向反面，销售恐慌出现，到1637年5月，价格水平重回泡沫之前。同时代已经有人认为郁金香繁荣是种狂热，是歇斯底里，认为参与投机的人像"猴子"。在荷兰当局的帮助下，部分崩盘后果得以清理，但许多投机者破产。"郁金香诈骗"没有引发普遍的经济危机。

投机泡沫的其他典型案例是1720年法国的约翰·劳体系崩溃和随后出现的英国"南海泡沫"破灭，尽管他们背后的理念并不坏。以上投机和危机事件，虽然通常被分开来看，但本质上相互关联，事件发生的背景是欧洲的西班牙王位继承战争和西属美洲对欧洲贸易的开放。这场战争使英法两国陷入巨额债务。把政府债券形式的充足流动性引向享有国家特权的新南海公司，让公司接管部分或全部国债，后者承诺付给巨大利润，还有什么比这听起来更诱人？法国率先行动，英国紧随其后。在能摆脱部分债务的国家看来，业务得到提升，但对投机者而言，这是一把双刃剑。

1715年，因为路易十四（Louis XIV., 1638—1715年）的战争而负债累累的法国与新到法国的苏格兰金融冒险家约翰·劳（John Law, 1671—1729年）做了笔交易。约翰·劳曾因赌博致富，认识了不少上层贵族朋友，他拿到新成立的法国银行（后来的皇家银行）的货币发行权。银行股权最初由评级较低的法国政府债券组成，市场对其很有信心。约翰·劳同时也获得对法国在美洲的殖民地的垄断业务权，并为此创办了密西西比公司，后来作为东印度公司获得整个殖民地的贸易垄断权。公司股票被吹捧为大生意而向大众兜售，经历初期低迷后逐渐畅销。1719年，约翰·劳用"皇家银行"（Banque Royale）廉价的纸币信贷为自己的业务提供助力，投机活动迅速获得推动。巴黎的坎康普瓦大街交易所门前排起长龙，人们聚集在一起，希望申购到密西西比公司股份，以至于不得不多建造了约150座销售亭以满足购买需求。

1719年夏末，公司股价达到顶峰（最高点时，每股面值500里弗的权证售价超过10000里弗）。尽管股价被精心维持，新债券仍然无法售出。担忧通货膨胀的情绪开始蔓延，对约翰·劳体系的信心崩溃了。股价迅速下跌，一些投资者逃往仍受南海泡沫投机热潮驱使的伦敦，另一些则失去全部财富。约翰·劳几乎一贫如洗地逃离法国，1729年在威尼斯去世。

从与加勒比地区和拉丁美洲业务中获得强劲利润增长的期望也推动了著名的1719~1720年英国南海泡沫。与法国类似，这也与路易十四时期大战后的国家财政修复有关。成立于1711年的南海公司，垄断了拉丁美洲贸易，在1719年又接手了英国国债，作为回报，南海公司有权通过发行新股票为此次接手融资。这些股票的销售旺盛。购买新股也与旧股份所有权关联，对旧股份的需求也带动股价上涨。股价随后从100英镑升到900多英镑。

在南海公司带动下，其他股份公司竞相上市，有些企业的目标就是冒险，有些根本没有既定业务目标。泡沫法案的初衷是规范股票公司，限制新兴泡沫，禁止不说明业务目标就成立公司，结果却使得寻求投资的资金完全集中在了南海公司，加剧了信贷驱动的，最终由投机者进行的投机。1720年夏天，人们发现1720年8月1日该支付的股息无法兑现，此时，第一道裂缝出现。皇室周围了解内幕的人士最先撤离，恐慌抛售开始，短短几天之内，投机泡沫破灭。只有少数人设法及时取出了资本，随后出现大量破产和普遍的信贷紧缩，在伦敦爆发了名副其实的整体性经济危机。1720年的泡沫法案严格限制成立股份公司，这已经部分削弱了伦敦人的投机热情，而此次危机彻底驱散了他们的投机狂热。

前现代时期欧洲经济中同样常见的汇票危机则是另一种方式。中世纪以来，这种汇票就稳定成为信贷期票，自16和17世纪起用于贸易融资。特定时间到期的汇票为商品进出口提供支持资金。汇票可以提前出售给银行，但是得接受价格折扣，即汇票折扣。汇票是一种灵活的贸易交易工具，特别适用于贸易流的信贷融资。汇票制度具有一定灵活性，因为到期汇票可以延长或用新汇票替代，这样可以跨接付款瓶颈。它与图谋不轨地不断用新汇票替代到期汇票，即欺诈性融通汇票之间的界限很难界定。每当汇票到期，不再具备汇票兑换的先决条件，贸易业务收益无法支付信贷义务时，汇票业务就会出现引发危机的趋势。典型例子就是七年战争尾声时和18世纪末汉堡的严重汇票危机。

后者值得在此书写一下。18世纪末，汉堡贸易蓬勃发展。由于拿破仑战争，这座汉萨城的很多竞争者退出。汉堡成为美国和英国货物进入欧洲大陆的首选港口。预期需求会增加，价格将高涨，1799年，汉堡许多贸易公司理所当然地买入很多外国货物，以便可以供应南部德国及瑞士的市场。这些进口货物的资金由汇票提供，人们希望获得丰厚利润，相信这些汇票容易兑换。但是战争进程打翻了汉堡贸易公司的如意算盘。通往德国南部和瑞士的货物运输日趋艰难，甚至停运；汉堡商人的货物堆积如山，又欠着大额贷款。结果出现一系列的破产，即使延长汇票和融通汇票也无济于事，破产非但势不可当，而且还扩散到其他银行和贸易公司，直到汉堡参议院提供信贷救助才限制了崩溃的规模。这种崩溃在1857年后以极其类似的方式再次出现，不过那时这已经成为现代世界经济危机的一部分。

本章只间接提到国家财政危机（约翰·劳体系），因为这不是真正意义上的经济危机，而是完全可能由此引发经济危机。尽管如此，国家无力支付的影响是巨大的，正如16世纪和17世纪西班牙的破产所证明的，这导致多家上德意志贸易公司连带被毁。1798年的法国指券经济崩溃也值得一瞥。为资助政府开支和战争费用，1792年，革命的法国发行了指券，也就是纸币，并宣布其为法定支付手段。这种纸币立即取代了"好"的造币。指券范围在之后几年持续扩大，开启了真正的纸币通货膨胀，起初由于货币流通量增加而产生的积极效应很快消失殆尽。由于指券容易伪造，其数量也"自发"增长。纸币功能由此逐渐遭受巨大损害，1798年，法国政府终于从流通中撤回指券这一现代意义上最早的重大货币改革成果之一。指券经济后来代表国家货币政策引发的带来危机后果的通货膨胀。这样的情况，此后又多次出现。

危机明显不只是现代的现象，然而在前工业世界里，它的面貌完全不同——真正举足轻重的是农业经济和农业危机，直接影响了大部分经济活动和人类生存的基础。在徘徊于生存线的世界，这些大多由于气候因素造成的危机会迅速达到毁灭性

的规模。若以此标准衡量，现代危机是无害的。"旧世界"在
结构上有不同的危机态势，在每个繁荣期，人口增长带来的后
果是，由于生产力发展缓慢或停滞，总会引发深刻的调整危
机。时至今日，由于出生率低，农业生产力高，至少在我们生
活的纬度，这种态势已成历史。而在世界其他地区，直至19
世纪，与欧洲典型问题类似的自然资源过度利用现象依旧存
在。前现代农业世界的一些孤岛一样的城市中心拔地而起，那
是当时世界经济的交汇点，现代经济技术、贸易技术和金融技
术在那里得到应用，生活水平总体远高于农村。16世纪以后，
那里反复出现投机泡沫和投机危机，其过程都具有现代特征。
积极的预期、价格攀升、投机套利、经济过热，最终导致崩
溃：所有这些情形在阿姆斯特丹、巴黎和伦敦一再出现，如出
一辙。即使如此，投机危机的后果仍不严重，毕竟它无关真正
的经济，无关农业耕种。19世纪初之后，这些情况发生了根本
变化。工业和投机变成了一种既丰富又冒险的关系，这种关系
至今决定着我们的危机事件。

第四章 ————— **资本主义的哺育室：
19 世纪上半叶**

随着现代工业资本主义兴起，经济危机的性质发生根本变化。在详细介绍之前，先简要谈谈最重要的前提条件和特点。

新危机

旧欧洲世界的危机或者是气候决定的，或者是初级的投机现象，未必涉及日常经济。18世纪下半叶的汉堡贸易危机却表明，贸易危机与经济发展的关系愈加紧密。因为信贷融资虽然利于贸易扩张，但当价格下跌时，卖方市场崩溃，贷款利息无力支付，将对贸易造成根本上的打击。投机那双面神的头从此时起就原形毕露，一面是贸易和货物销售的驱动剂，另一面又迫使人们接受新风险。生产和卖方市场越大，贸易的投机性融资越重要，危机就会越严重。至少到了此时，人们获得的经验是，不存在无风险的经济活动扩张。随着工业资本主义的推行，生产本身也成为投机扩张的一部分：除了扩张，别无选择，否则就意味着放弃扩大工业活动的规模。实际上尤其在德国，富有的资产阶级长期以来一直畏惧发展工业，特别是高风险的工业。英国则不同。英国信贷驱动的工业资本主义扩张进程早在18世纪最后30年就已开始，当时建立了第一批大型纺织厂。尽管资本需求起初还明晰可控，但技术进步迫使不断提高资本垫款，只有快速增加的生产以合理价格销售，才有可能获得回报。就这点而言，工业资本主义兴起也为扩大远近贸易及信贷融资带来便利。大量银行和贸易公司涌现，为工厂提供融资，同时专供贸易和出口融资。之后，到了19世纪上半叶，在英国，工商业生产过程取代了农业生产的地位，变得日趋重要，与商品贸易和信贷经济之间逐渐形成密切联系。这种联系起始就有投机性质，所有市场参与者都假定价格和利润会上涨，值得冒险进行工业活动。长久以来就被人熟知的套利，即在金融市场利用价格差异的投机，进入一个新阶段，不再是经济的边缘现象，而是渗透到整体经济的心脏。19世纪初开始，规律性重复的经济危机不可避免地把投机现象和对整体经济的"干扰"联系起来。这种关联在经济周期中得以再现，因为扩大生产、信贷经济和投机的累积效应在经济周期中各自显示出危机迹象，同时，投机涉及的规模与影响无法确定，在繁荣和景气的新周期呈现出各自特定的历史特点。

　　现代资本主义经济特有的危机易发性不仅是对生产和贸易进行投机性融资的结果，也反映了现代经济的其他特点，这些特点同时也是生产率高的原因。工业品的低成本大规模生产始终是在为不确定的无名市场生产，风险远大于面向本地市场和熟悉客户的商品生产。这种情况下，生产和贸易不可避免地通过价格协调，与订单生产不同，客户及其独特需求未知，只能由可执行的价格显示市场是否接受商品。价格上涨是行动的重要动力，不容忽视。价格走向决定的商品规模化生产也迫使生产要尽量专业化。从经济角度而言，大批量生产一些产品会逐渐提升效率。行业和企业的差异化反过来会强化价格导向，因为只有这样才能协调日益复杂的分工。因此，紧盯价格不是因为痴迷投机，而是现代经济差异化的表现，协调经济，别无他法，否则只能如社会主义展示的，以过高的成本通过计划进行协调。因此，生产与消费分崩离析的危险及行业和企业间不成比例的发展始终存在。在某种意义上，现代的资本主义经济世界是自相矛盾的，它利用各种手段提高生产率，使自己容易陷入危机。而由于危机仍是例外，整体经济进程在动态发展，1800年以后的人越来越准备好接受这些风险。这种待发状态既是资本主义活力所在，也是危机易发的核心原因。

16世纪起，由于羊毛需求爆发，经济停滞阶段反复出现，拿破仑战争结束后，英国最先开始习惯"新危机"，这与人们熟知的"旧式"危机模式有着本质区别。"新"危机的发展模式与之前不同：价格和销售预期控制的工业贸易繁荣引起信贷融资的投资和扩张，随后，价格和利息从初始的低水平上涨到某个特定点。最终，销售预期无法满足，价格下跌，无力支付贷款利息，破产开始并且出现阶梯式蔓延，导致工人失业，工厂倒闭。银行业破产尤为严重，银行为自保只发放条件苛刻的贷款，利率居高不下，信贷融资愈发艰难，金融和商品市场受阻。这一衰退过程通常一直持续到价格停止下降。利率开始下降，意味着银行重拾放款意愿：新一轮游戏开始。

19世纪上半叶的经济危机

拿破仑时期，欧洲大陆的经济表现好得出奇。大陆封锁把当时经济优越的英国竞争者排除在市场外，巨大的需求，特别是拿破仑军队对各类商品和军需品的需求就像一份额外经济刺激方案。拿破仑时期欧洲大陆的经济成绩单似乎并不像看上去那般令人不满。尽管边界诸多变迁对地区的经济分工产生负面影响，除了1799年的汉堡贸易危机，没有出现更大危机。

直到拿破仑统治结束的那些年，英国也不都是坏年份，不过这里已经出现了具有现代特点的首批危机，大陆封锁引起英国对外贸易向拉丁美洲的转移。国内工业生产本应越来越多地转向西班牙殖民地，但拉丁美洲的吸纳能力依然有限。1810年，出现了一场严重危机，起因是与拉美间的信贷融资贸易寻找不到买家，贷款落空。类似的信贷融资的贸易业务过度扩张出现在大陆封锁结束后，英国商人此时过高估计了欧洲大陆客户的偿付能力。欧洲大陆发生严重农业危机后，工商产品需求大幅下滑，1815年，出现危机，1819年，危机再次上演。

19世纪20年代中期，英国再次受到经济危机的沉重打击。1819年的销售问题发生后，20年代初，贸易和工商业开始扩张。投资工业厂房貌似有利可图，投资者趋之若鹜。1824年和1825年，不断上涨的投机情绪愈加高涨，但不是因为国内工业盈利前景看好，而是受到拉丁美洲1823年新国家独立，获利机会增加的吸引。金融中心伦敦本身刺激了这种预期，在1822年至1825年期间，伦敦发行了总额达到2.16亿英镑的共计10种拉美债券。由此，伦敦的资本市场自己在资金上支持了南美洲对英国工业品的需求。人们希望通过出口盈利和政府债券的利息获利翻倍。英国由此开启一次投机扩张，巅峰时期让人联想起南海泡沫，英国央行降息更是为之加柴添火。1824年泡沫法案废除后，许多项目应运而生。各种新上市公司成立，股价和认购量大幅上涨。1825年，英国的一份档案提到："王公、贵族、政客、公务员、律师、医生、神职人员、哲学家、诗人、女孩、妇女和寡妇纷纷投身证券交易所，只为把部分财产投资到各种生意中去，但对这些业务，除了名称，一无所知。"当然，这股公司成立潮并非都是意气用事。根据19世纪伟大的危机历史学家马克斯·沃思（Max Wirth）的说法，仅1824年和1825年就成立了114家股份公司，拥有的资本达到1亿英镑，其中包括20家铁路公司、11家燃气公司和25家矿业公司。这一产业分布清晰地表明，它们与英国工业扩张的联系非常紧密。由于资本输出，对南美出口大幅上升。同时，英国资本大规模投资于中美洲和南美洲的矿业公司。在这些融资流的影响下，金银流出英国，同时，英国国内许多地方大银行增发越来越多纸币以提高贷款量。信贷因此逐步紧张，出现"融通汇票"，即用新票据替换其他银行的应付票据，以推迟到期日。许多投机商在股票和信贷业务中获利颇丰，国内奢侈品消费也因此急剧增加。只要贷款便宜，前景看好，游戏就可以继续。

　　但是1825年9月，商品价格开始下跌，无数贷款烂账，银行寻求收回应收账款，泡沫破灭。银行破产数量增长异常迅速，英国银行不得不提供流动性支持。金融市场虽然得以稳定，但危机触及生产和贸易。拉美债券价值大幅下滑，无数项目落空，许多新建公司被迫申请破产。在繁荣最后阶段进场的许多小投机投资者几乎赔尽财产。奢侈消费已成往事。失业增加，工人生活条件急剧恶化。这场危机中虽然投机这一要素扮演了重要角色，但资本主义扩张与经济危机之间千丝万缕的联系却显而易见，不容忽视。

　　19世纪20年代后半段只是缓慢回升期。但是到了30年代，一场暴风雨式的扩张进程又开始了，1835年达到顶部拐点。19世纪30年代后半期再次陷入低迷，此时，经济周期的中心在英国，这个国家决定着当时世界经济的节拍。经济繁荣最初不以过度投机为特征，而是得益于工业投资和工业生产的强劲扩张，尤其是钢铁行业和铁路修建领域实现了创新。英国农业丰收减少了粮食进口的需求，释放出的资本用于扩张工业和外贸融资。虽然拉美各国没能实现投资者的期望，但美国取其位而代之。除了面向欧洲大陆，大量英国出口商越来越多面向美国，伦敦资本市场也为美国进口商品提供资金支持。自那时起知名的世界经济联网模式在19世纪30年代就已经发挥作用：美国作为"无限机遇之地"，被寄予厚望的国度，主要使用短期外国贷款为扩张提供资金。美国发生违约事件的时候，首先崩溃的是美国金融市场，进而引发狂澜，19世纪，这股浪潮经英国波及整个欧洲。也正因为这种关联，19世纪30年代以来的各种经济危机，都有扩散成全球经济危机的趋势。

当然在19世纪30年代的繁荣期，没有任何相关迹象。英国的工业发展蓬勃，英国债券和贷款资助了同一时期在美国的扩张。当然，美国也出现了更多投机驱动的繁荣。仅1835年至1836年，就有61家银行在美国成立。广袤的领土是美国投机的核心，尤其是国家廉价出让土地，使得土地迅速成为套利交易对象被大肆炒作。由于美国发出的信号利好，英国的扩张进程也逐渐加快速度。经济繁荣至巅峰时，仅英国就成立了约300家名义资本达1.35亿英镑的股份公司，其中包括88家铁路公司、71家矿业公司、20家银行和17家航运公司。不仅新成立的公司，众多已成立的公司为了给董事和经理们提高收入水平，也在股票市场上市。由此，1834年和1835年重现了19世纪20年代的过度投机，加之许多银行再次扩大纸币存量，获得信贷变得容易且便宜。随着英国的纸币量膨胀，黄金再次流出英国，尤其流入美国。"融通汇票"重新进入人们的视线："1836年，七家银行……接受了价值1500万英镑的美国汇票，尽管其资本总计只有约200万英镑。"（弗雷德·厄斯纳，Fred Oelßner）

1835年，英国的国际收支状况恶化。黄金外流迫使英格兰银行加息，英国的贷款融资成本升高。实施这些措施的背景是美国政府的银行政策，通过规定限制美国本国银行，加速了黄金从英国流出。同时，安德鲁·杰克逊总统（Andrew Jackson，1767—1845年）的政府强烈打击土地投机，美国经济增长势头放缓。1836年11月，从北爱尔兰开始，英国发生一系列银行倒闭事件。原材料和工商业品的价格也开始下跌，对美出口崩溃。英国危机的主要受害者是棉花产业，该产业大部分产品都出口北美。英国和美国进入持续多年的萧条期，收成不佳和国际政治危机造成的英国黄金外流对萧条的经济更是雪上加霜。在这种发展背景下，我们也就能理解1844年的《皮尔第二银行法案》了，该法案明确英国的金本位，授予英格兰银行唯一的纸币发行权，英格兰银行日后只能按照与黄金特定比例发行纸币，希望借此可以消除过度投机和融通汇票。

　　19世纪40年代初，英国经济开始复苏。1842年至1844年的丰收缓解了国际收支状况，这不仅利于扩大内部市场，也为经济复苏提供了资金。这次经济繁荣主要依靠在铁路建设、重工业和纺织业方面的投资拉动。鉴于投资数额巨大，此时开始系统性扩张的银行体系日益重要；建成的大型银行代替了易遭遇危机的小型区域银行和地方银行，或者与其并驾齐驱。纺织工业生产增长尤其强劲，外贸也相应增长，美国和欧洲大陆成为英国经济的主要客户。尽管规模不如19世纪20年代和30年代，英国资本的流入促进了美国繁荣，并再次为英国出口提供了资金。

　　1846年至1847年的这场危机，并非因为投机过热，此次危机根本没有出现过热，而是工业生产扩张强劲，但市场收缩，导致生产过剩、消费不足的危机。各种不利因素共同造成繁荣崩溃：一方面，这无疑是真正的生产过剩危机，这反映在仓库的快速增建上。同时由于1846年和1847年收成欠佳，市场也在收缩。全球农产品价格上涨，工商业产品需求下降。就股市而言，这不是好兆头，英国国际收支状况恶化，黄金再次大规模流出。为保障英格兰银行的偿付能力，皮尔银行法案被暂停，这足以平息市场，阻止黄金外流。19世纪40年代后半期，危机也冲击了包括德国在内的欧洲大陆，暂时结束了铁路网络的投机性融资扩张期。大陆资本主义发展迟缓，因此，危机主要具有农业特色。狭义上，危机的政治后果整体上比经济后果更严重。铁路投机扩张的终结和农业危机与普遍的社会贫困（"贫困化"）结合，形成一种易爆物，撼动着政治体制的合法性。法国的平民国王路易－菲利普（Louis-Philippe，1773—1850年）被认为完全是靠投机致富的资产阶级的缩影，德国和其他欧洲国家的社会贫困也从根本上推动政治上的更加激进。具有讽刺意味的是，1848年至1849年的革命里，这种紧张局势的爆发对自由资本主义有利，1851年11月，拿破仑三世（Napoléon Ⅲ., 1808—1873年）政变让自由资本主义在法国得以实践，为资本主义扩张铺平了道路。与1817年相似，1846年至1847年危机再次让新经济周期的要素与"旧式"危机影响相遇。但这是1848年革命前那个时代最后一次出现这种情况。19世纪50年代，工业化全面占领欧洲大陆。与美国一样，在这里，经济周期也成为经济发展的重要推手。

　　19世纪上半叶的"新"危机主要波及英国和其主要贸易伙伴。对于这些现代危机的起始时间，文献存有争议。早期的研究，如古斯塔夫·冯·施莫勒（Gustav von Schmoller，1838—1917年）和熊彼特认为资本主义经济周期早在18世纪后20年就开始了。目前公认的是，现代周期开始于19世纪20年代，这与卡尔·马克思观点一致，他认为这些年"开启了现代生活的周期性循环"。菲利克斯·平纳（Felix Pinner）认为19世纪30年代的周期可能是首个完整的资本主义的经济周期，他很有可能是正确的，因为经济要素此前并未全部得到充分发展。直到19世纪40年代末，新旧类型的危机要素仍然相互交织，像无法厘清的线团。想获得准确时间并非易事，还有一个原因是世界各地受到资本主义决定性影响的时间不同。不过，从19世纪20年代起可以观察到一个持续的经济周期。因此，认为现代危机经验从那些年开始并不是错误。

在这一背景下，首批研究新现实的理论尝试也开始了。首先忆起的是卡尔·马克思的灰色预言，就19世纪上半叶的资本主义而言，这些预言不是不可信的。但这并非资本主义及其周期本身的原因。依照熊彼特的观点，1848年前的那些年虽然是扩张期，却也落入了一个从1787年持续到1842年的长波衰退阶段。此外，由于黄金产量偏低，通货紧缩情形普遍存在。1820年至1849年间，英国只统计出8个经济繁荣年。菲利克斯·皮纳认为，该发展阶段的特点是整体上产能趋向过剩、市场疲软，因此价格始终受压。1820年至1849年，纺织品价格下降了大约三分之一，钢铁价格下降了四分之一。企业"利润率"中期平均水平较低，且持续下降。尽管要素和商品市场定价自由，但经济发展并未真正均衡，就业很少充分，生产成本高，工资压力大。这便是弗里德里希·恩格斯（Friedrich Engels，1820—1895年）关于英国的《英国工人阶级状况》一书中被熟知的社会普遍贫困的经济背景。

"悲观"经济理论，尤其是社会主义经济理论，反映了这一时期的整体经济状况。即使社会保守派理论家如西蒙德·德·西斯蒙迪也强烈批判资本主义现实，特别是用优化技术和降低工资压力（使用女工和童工）应对利润压力，让一些男性工人成为事实上的"产业后备军"，工资压力也是由此开始的。经济理论，尤其是马克思的危机理论，强烈警告这一现象是明确的时间诊断节点。但后来的经济发展的"波动"并没有证实这些担忧。相反，19世纪50年代开启了经济的普遍高涨阶段，这虽然不会让危机消失，但解除了危机的威胁性，甚至工人的处境也逐渐好转了。

第五章 —— "资产阶级时代"的增长周期（1849—1914年）

　　尽管在参加者的眼里，1848年和1849年欧洲革命失败了，但其在某种意义上带来的后果却出乎预料，因为19世纪五六十年代被看作"资产阶级时代"的关键年份是有道理的。进入19世纪50年代，经济普遍开始繁荣，其间虽有中断，但仍持续到19世纪70年代初，并决定性地改变了农业世界。虽然由于所谓的"大萧条"（汉斯·罗森伯格，Hans Rosenberg），19世纪七八十年代长期被认为经济异常困难，但相关研究对此已予以纠正。这数十年，经济虽然不似之前那样活力十足，且存在较大的结构性问题，但仍在增长。随后的"美好时代"开启了前所未有的繁荣。到了1914年，对危机的记忆和恐惧再次消退。发达工业社会认为危机最多只是资本主义的"年轻罪恶"，可以抛之脑后。

19世纪50年代的繁荣和1857年第一次世界经济危机

　　1848年至1849年欧洲革命后的经济繁荣是全球普遍现象，得益于当时加州发现的金矿，货币供应量较前迅速增加。尽管

19世纪40年代的黄金产量不足500吨，但到了19世纪五六十年代，黄金产量接近2000吨，只是近来趋于下降。

扩张阶段始于19世纪50年代初，其间有一定中断，又持续到1857年。这一时期，人口增长起到积极作用，由于生产率普遍发展进步，农业得以在价格下降的情况下养活增长的人口。欧洲大陆仍然受早期工业化大规模贫困的影响，所幸部分人口移居海外，使得欧洲经济形势持续缓解，并推动了美国经济的发展。美国主要得益于19世纪50年代迁入人口的利好，人口数量达到英国水平（19世纪50年代后期美国有2500万居民，英国有2700万居民）。

尽管无法与欧洲主要工业国家相提并论，但美国是"无限机会之地"，成为全球经济动力中心之一。经济繁荣的核心是铁路建设。铁路网络规模扩大，北美大陆逐步开发，引发欧洲投资者和银行的极大期望，在美国购买股票和债券来专投铁路建设。这同时决定着欧洲经济的发展节奏。一方面，运输成本降低，促进形成跨区域市场；另一方面，捆绑投资，铁路建设和铁路运营成为煤矿、钢铁工业、机械制造和通信技术产品的主要买家。最终，铁路股份公司成为现代大型企业（阿尔弗雷德·D.钱德勒，Alfred D. Chandler）的原型。现代资本市场的产生与铁路融资需求息息相关。现代股份制银行的繁荣应该主要归功于铁路。铁路繁荣，特别使得欧洲工业生产急剧增长，对北美的出口也相继增长，北美起初仍从欧洲，特别是英

国进口以满足铁路大部分需求。自19世纪初开始就存在的英
国银行和贸易公司为海外出口货物提供资金的模式，此时再次
出现。

除了铁路和采矿业，银行和贸易公司也从经济繁荣中受益
极大。储蓄型银行成功践行，这类型银行可追溯到法国伊萨
克·佩雷尔（Issac Péreire, 1806—1880年）和埃米尔·佩雷尔
（Emilé Péreire, 1800—1875年）兄弟的工业信贷银行；此外，
银行货币系统（Giralgeld System），即一种账面货币系统新方
法的创建，极大提高了银行系统创造信贷的可能性。由于新型
储蓄银行可发放贷款额度远远高于其拥有的存款额，加上账面
货币这一新支付手段产生，新银行可不依赖各央行态度，扩大
货币量。这刺激了经济活力，同时风险也显著提升。金融创新
也蔓延到银行体系高度分散的美国。在美国自19世纪30年代
不再设立中央银行，排除跨银行结构的法律框架的影响下，这
种分散在经济繁荣的那些年持续扩大。1850年至1857年间，
美国仅"混合型"国有银行（即拥有货币发行权的区域银行）
的数量就从824家增加到1416家。

1852年，德国进入"创始人时期"，持续到19世纪70年
代初结束。短短几年，金融、钢铁工业、煤炭开采、电气化
工、机械制造等领域成立了众多大企业。工业化和经济增长的
主导部门仍然是铁路建设与运营及采矿业。普鲁士境外成立的
主要是股份公司形式的企业。普鲁士对股份公司的许可比其他

王国更严格。1870年前，银行业不允许成立股份制银行，柏林不认为这是严肃的商业模式，因此，新股份制银行主要在德国西南地区兴起，如达姆施塔特工商银行，明确借鉴了法国工业信贷银行模式。尽管普鲁士王国持严格限制的态度，但德国股市还是经历了繁荣。19世纪50年代初至1856年夏，股价翻了一番。股价上涨是全球性现象。常见的套利行为再次活跃。同时，由于克里米亚战争造成的需求旺盛，商品和食品价格显著上涨，这也导致商品期货投机。由于预期价格上涨，大量信贷融资的商品临时储放于纽约港，这里成为世界最大的仓储地。

过热迹象很快到来。早在1855年，普鲁士政府就开始打击股票和商品期货投机，抵制股份制银行的部分原因也是因为观察到投机泡沫不断扩大。普鲁士的决定性措施是取消私人票据银行，并于1857年彻底废除，这对普鲁士国家银行有利。德国股市的牛市因这些措施终结，普鲁士因此躲过了世界金融市场后来的短期崩溃。1856年，其他国家也出现初步过热迹象，秋季，巴黎证券交易所股价大幅下挫，因此在纽约出现撤资趋势。这些初期危机迹象的出现，使纽约的贴现率最终涨到11%，导致美国资本市场转冷。1856年夏天，危机的前奏拉开序幕，一年之后彻底爆发。

美国本就脆弱，完全依赖欧洲流入资本。而欧洲大陆的债券投机结束以及1856年至1857年英国在印度和中国发生的军事冲突，对美国整体脆弱局势构成威胁。1857年，商品进口缓慢回落。纽约港的仓储因销售停滞而满溢。许诺盈利的期货炒作只剩下吞噬利息的大批滞销商品。1857年8月24日，俄亥俄人寿保险和信托公司暂停支付，危机终于爆发。当时这家机构自身较稳固，却投机失误，把短期到期存款投入长期铁路建设。一方面由于农产品价格下跌，铁路收入下降，另一方面经济繁荣导致建设新铁路的成本显著增加，那些通过大部分未完全支付的股票以及信贷融资支撑业务的铁路公司都出现支付困难。有些投资者撤回资金，另一些即使价格大都降到支付水平以下，也被要求全额支付认购资本。俄亥俄人寿保险和信托公司破产引发多米诺骨牌效应，银行试图收回应收账款，只提供超高利率（隔夜利率短期内达到60%至100%）贷款。很短时间之内，14家铁路公司关闭，商品价格一泻千里，无人援助的银行成批倒闭。因为没有中央银行，仅1857年9月25日至29日期间，四个州就有185家银行倒闭。

　　1857年10月10日，纽约发生银行挤兑："18家城市银行在这天缴械，剩余33家银行中有32家在第二天重蹈覆辙。"（弗雷德·厄斯纳）。现金支付义务随即被中止，纽约的业务往来瘫痪。接下来几天，仅纽约一地就有一百多家贸易公司关闭。1857年和1858年危机期间，美国破产企业总数超过5000家，不过，并非所有破产企业的经济都不健康，只是投机终结和金融市场瘫痪使经营稳健的公司的偿付能力都岌岌可危。能履行部分义务的公司中，许多后来恢复了正常经营。美国危机后的发展就像教科书的翻版：破产潮及相关市场被清洗后，堆积如山的商品销售又开始增加，来自欧洲的新贷款进入，商业生活重启。1857年12月，银行体系的直接危机结束。虽然投机泡沫破裂引发的实体经济危机仍延续了一段时间（到1859年），但程度不太严重，国家没有出手援助企业。

因为消息延迟，两个月后英国才出现危机。很长一段时间内，英国人甚至认为可以逃脱危机。尽管与美国贴现升高相关的黄金流出也迫使英国的贴现率上升，但并未直接对英国经济造成负面影响。不过，1857年10月底11月初，北英格兰和苏格兰一系列银行倒闭，引发英国银行挤兑，英国央行干预，挤兑得以迅速终止，但是以黄金持有量减少为代价。1857年11月12日，黄金储备逐渐消耗殆尽，政府暂停实施银行法，允许英格兰银行新增发200万英镑票据，条件是增发票据期间保持10%的贴现率水平。这虽然安抚了市场，但贷款更为昂贵。随后一段时间，一系列贸易公司倒闭，商品价格下跌，生产下降，失业率上升。投机泡沫破裂加剧经济下滑，并持续到1859年。也直到这一年才再次恢复了1856年的生产水平和出口数字。贸易联盟成员国的失业率在危机期间上升到12%，此时又回落到2%左右。

欧洲大陆的金融和贸易中心汉堡首当其冲，而大国多没出现大崩溃，安然渡过了危机。1856年，汉堡的投机泡沫提前结束，避免了在1857年进一步恶化。欧洲大陆的工业生产还是受到了危机影响，只是除了汉堡，危机在其他地方没有大爆发。直至1888年，汉堡都是个大型的自由港，是世界经济的转运、贸易和金融中心，是欧洲大陆大部分地区通往世界的门户，经由英国与大西洋贸易紧密相通。汉堡的贸易公司和银行组织并资助贸易，伦敦金融城起到再融资作用。因此，汉堡在世界贸易强劲扩张方面占比重很大，特别是在商品贸易的投机扩张方面。这些商品贸易通过大规模发行汇票融资。1857年秋天，流通世界各地的汉堡汇票大约有4亿马克。

当纽约已经渡过危机，伦敦危机即将结束时，汉堡的危机爆发了。1857年11月15日至12月15日之间，无法兑现的汇票几乎源源不断返回汉堡，这些都是必须支付的（截至12月初价值1亿马克）。破产威胁大量出现，人们起初希望通过担保贴现协会保护自己，但没有成功，仅1857年12月2日至12月5日就有100家贸易公司停止支付。一种近似疯狂的情绪在股市和商人当中蔓延，汉堡参议院被要求实施强制纸币发行，废除汇票规定。参议院拒绝做出此举，但是用奥地利的钱建立了国家贴现账户，用共计1500万马克帮助各家贸易公司，逐渐平息了市场。这种国家干预是汉堡特色。美国和英国都没有进行国家直接干预，而是让危机的火焰"自行燃尽"。

1858年，全球笼罩着经济萧条，直到第二年才开始好转。随着1857年经济危机和几年后的内战，一段时间内，美国不再是世界经济活力中心。对印度和中国的战争结束后，英国成功为本国的工业出口打开了那里的市场，因此，19世纪60年代全球经济繁荣的区域结构更加平衡。

1857年的世界经济危机，无论过程还是范围，都应视为第一次世界经济危机。尽管规模很大，大到让马克思和恩格斯在1857年秋希望这是资本主义的丧钟在敲响，但这仍然是积极的经济发展环境中的一个例外。实际上，19世纪50年代的投机繁荣表现出深刻的经济活力，而绝非发展过度。这一时期大型金矿的发现、人口的增长和大量经济技术创新，创造出极其有利的经济气候，并持续到19世纪70年代，只是此间被一些危机（德国是1857年及影响不严重的1866年危机）短暂中断。1852年至1873年的21年间，德国只有三年是明显的危机年。与1848年之前不同，此时价格上涨，企业利润上升，欧洲企业由此巩固了作为世界经济供应商和融资者的角色。尽管偶尔发展过度，信贷经济的强劲上升却绝不是缺点或畸形发展，相反，这为欧洲和美国的发展盘活了足够资本，否则这些钱就会放进政府债券的避风港或被搁置在床垫下。

创业热潮、创始人破产和"大萧条"

1857年的首次世界经济危机结束后几年，除了美国由于国内战争陷入瘫痪，世界范围再次出现经济繁荣时期，只在1866年和1867年因危机短暂中断。只有英国，由于国际收支恶化及大量黄金外流，这次危机的规模更大。在德国，普鲁士的军事成就及1871年对法战争胜利后的德国统一，进一步推动了经济繁荣。此外，很容易就被欧洲债券市场吸纳的法国50亿法郎战争赔款，更是额外的刺激源。过热症状最晚出现在1872年，起初未受重视。与19世纪50年代相同，支撑经济繁荣的主要是铁路建设、钢铁行业、煤炭开采、机械制造、纺织工业、食品工业等行业及因城市和人口增长迅速发展起来的建筑和房地产业。在整个资本主义世界，繁荣以各种不同的形式表现出来。1872年是个繁荣年。

1866年后的几年，德国的经济扩张就已经前所未有，1871年后其特征尤其明显。新公司如雨后春笋般涌现出来，净投资翻了一番，货币量大幅增加，建筑业达到的新规模直到1949年后才再次达到。投资品价格和消费品价格也相应地大幅上涨。这一时期最恰当的时代标志是"创业浪潮"。1870年，随着北德联盟及德意志帝国商业法的修改，普鲁士也开放了股票法，允许无条件无限制地成立公司，股票发行数量暴增。1871年至1873年间共成立900多家新股份公司，其中只有少量是真正意义上的初创企业，大多数是企业为获得高额认购利润，希望通过股价上涨获利而上市。大型银行大多不愿自冒风险发行股票，因此成立了投资银行，即所谓的券商银行。仅1871年至1872年间，牌价单上就新冒出100多家股份制银行。发行的大多数股票除了重工业之外，主要来自地产公司、房产公司和建筑公司，它们看到房地产价格持续上涨，相信公众对此的需求很大。

1870年至1872年间，柏林股票交易所股价翻了一番。工业企业和银行支付的股息也大幅增长，居于首位的是新成立的券商银行（投资银行），在1871年至1873年期间支付了25%的名义资本作为股息。但是到了1872年，紧张的迹象逐渐增加。投机现象多发，成为国会和普鲁士众议院公开警惕的对象，公众对此忧心忡忡。1872年间，股票价格达到顶峰。尽管已有警告，房地产业繁荣却仍在继续。直至1873年，创始人危机才爆发，出现两波爆发潮。第一波在1873年4月底5月初，由维也纳股市股价下跌和崩盘引发。

德国经济高速增长的背景下，维也纳也形成了自有的、主要因房地产投机炒作造成的泡沫。布达佩斯一家银行破产后，1873年4月和5月的多瑙河畔，股价急剧下跌，优质股票也在短短数日内损失了超过90%的价值。暴跌几乎使参与的银行一同陷入深渊，政府干预也无法阻止恐慌。直至奥地利国家银行参与创建了一只大型救济基金，局势才逐渐平稳至较低水平。

1873年9月18日，纽约杰伊·库克银行（Jay cooke & Company）倒闭，其影响比维也纳崩溃更为严重。这家银行曾资助北方联盟打内战，受到高度尊重，而在战后又曾参与北太平洋铁路投资——这原则上是项有意义的投资。19世纪70年代初与50年代一样，铁路项目都是没有大量股东支付就启动，经过债券融资，以后再从铁路运营收入补偿债券。在经济繁荣阶段，股票和债券价格一路高歌。但到1873年，建设和运营成本上升，铁路建设条件恶化。股价滞涨，银行股东被要求支付认购资本，股票交易价格因恐慌性抛售而崩溃。破产潮随之而来，纽约证券交易所不得不临时关闭，金融体系濒临崩溃。这次危机国家同样也未介入。银行和纽约贸易公司联合救助才阻止了这次金融体系的崩溃。各方达成共识，规定提取存款时不能超过一定数额。高额款项只予以认可，并提交给新设的清算中心，由清算中心清算相互间的款项。此次清算成功了。然而，由于欧洲资本大量投资美国铁路部门，纽约崩溃对全球经济仍然造成严重影响。维也纳崩溃与纽约崩溃共同发展成为全球经济危机。

柏林的崩溃始于1873年10月，与房地产与建筑投机联系紧密的奎施托普（Quistorp）联合银行丧失支付能力。此时股价已经过顶。危机导致大批新上市公司破产。短短几年内，1870年后成立的900家新公司中约有700家宣告破产。1873年夏维也纳崩溃后，价格稍有恢复的股票市场终于坍塌。1872年末，444家上市公司市值为45.3亿马克，1874年底变为24.4亿马克。1869年以来成立的共186家股份制银行中有71家彻底关门。

德国乃至全世界范围因此经济严重衰退。生产销售倒退、价格下跌、投资崩塌。出现名副其实的萧条，虽然实际上只持续到1878年至1879年，但似乎决定了直至19世纪90年代（"大萧条"）的经济大气候。这个阶段可以解释经济显著冷却期是由股本大量扩张、技术创新及价格下降的累积效应导致的，各个经济分支受到的影响程度不同。重工业在经历了漫长的扩张期后，遭遇明显的产能过剩、滞销严重和收益下滑，而化工和电气技术工业则进入持久的上升期，并且自19世纪90年代开始大幅提速。大规模农业也受国际竞争和价格下跌的冲击，像硬煤采矿一样，难以应付价格的大幅回落。纺织业还能勉强保住地位。由此看来，价格下跌是最有效的经济机制。1871年至1895年，大宗贸易价格下降了约40%。直至1879年，投资品和消费品价格也大幅下降，1914年仍未达到创始人年的水平。除了销量不再，企业利润空间也收缩。通货紧缩为随后几年奠定了基调。19世纪80年代和90年代的人，因为通货紧缩总带有一种"悲观和不满的基本情绪"（汉斯·罗森伯格）。

这种沮丧的情绪一方面是创始人破产造成的创伤，但本质上是因为当时的经济参与者主要关注价格和股票市场价格，这些实际上在之后几年都未得到恢复。通货紧缩的原因至今未能真正解释清楚。唯一确定的是，黄金供给恶化推波助澜，限制了货币量的增长。此外，创业热潮期间不仅创造了可观的新产能，同时，新生产技术也首次充分利用了规模经济的优势，在

全球经济条件相对自由的情况下大大加剧了竞争。就这方面
而言，即使货币量加快增长，较高价格是否能实行也是有疑
问的。

19世纪70年代末以来，尽管面临通货紧缩局面，生产再
次回暖。低利率和投资工业设施现代化，向美国出口铁路需求
商品，以及普鲁士的铁路国有化刺激了资本市场，这些都助力
了经济繁荣，后者至少间接做出了贡献。但经济繁荣期较短
暂，不太明显。1883年，生产过剩危机再次爆发，虽程度比
较微弱，但持续到1886年。生铁消耗下降，大宗商品价格再
次回落，成立的股份公司数量下降，股价也下跌。1886年至
1887年，新的周期性上升开始，这引发了四年的经济繁荣，且
再次影响了几乎所有的工业行业。旧的主导领域如重工业和煤
矿业与金属加工业同样增长强劲。于是，股价再度上涨，新成
立企业的资本大幅增长，但此次增长仍持续时间不长。1891年
至1893年间，经济明显坍塌。社会生产再次下滑，生铁消耗
下降，价格和股价下跌。

1873年至1895年这段时期其实并非一直是所谓的停滞期，
而是通货紧缩下的增长减缓期。受其影响，利润率和收益下
降，企业环境恶劣，这种低落情绪在创始人年份的狂喜之后弥
漫于整个社会。经济自由主义在创业热潮期间掌握了舆论导
向，影响了股票法自由化，而这时却失去了说服力。这些年
里，科学的"社会政策"（Socialpolitik）作为德国经济学的主

流兴起，它不仅关系到正确的国家社会政策，也触及经济思想的根基。至少在德国，在历史主义范式中，它赋予了国家更积极的角色。自由主义统治的时期已经过去。1873年后采取的整套措施即属于此。需要一提的还有1884年新修正的股票法案和强化的债权人保护，以及1878年至1887年的反社会主义者法和国家社会保障组成的胡萝卜加大棒的组合。

此时，除英国和荷兰外，在德意志帝国及所有大国，无条件自由贸易时代均已结束。自19世纪70年代末起，放眼全球，钢铁、煤炭、纺织品和粮食等方面已经实施适度关税。由于国家出口利益受到影响，关税延期后来引发了严重的国内政治冲突。无论是为了保护国内市场，还是为了对冲社会风险或抑制投机交易而呼唤国家干预，想要让干预获得成功，就必须利益同进退。"大萧条"时期也因此成为多数大利益联盟的诞生期。企业完全清楚国家难有作为，因而只要力所能及，企业都试图以一己之力尽量维持稳定的高价格水平。

经济联盟（Kartell）是否如当时声称是"情急之举"，尚未可知。建立经济联盟的努力有目共睹，效果却有限。经过漫长的启动期，于1895年成立的莱茵－韦斯特法伦煤炭联合会最终覆盖了几乎整个鲁尔煤矿业，以帮助平稳价格走势。几乎没有第二家经济联盟能做到如此强大，大多数联盟受内斗和局外人占比高的限制，功能发挥不力，极不稳定。工业企业试图通过市场协商摆脱价格下跌的威胁，而大型银行应对危机的方

式则是结束投机行为，与部分大型工业企业建立持久合作。创
始人危机期间，银行的投机行为被证明会威胁到生存，其结果
是，全能银行，也即大型工业企业的自有银行成立了。股市资
本主义明显遭到大众排斥，部分也是宣传的结果。反犹太主义
的口号急剧增多，原因是"犹太股市就业者"成为替罪羊，不
得不为1873年的巨大损失承担主要责任。

第一次世界大战前的十年

19世纪90年代，不仅德国，全球经济形势都在发生变化。
19世纪70年代初到90年代中期，可以归结为熊彼特长波的下
行阶段，之后是长期的上升阶段占主导。事实上，尽管经济周
期性显著，但1895年至1913年在经济上却非常成功。这18年
间，德国经济的衰退仅为5年，经济增长加速，物价上涨带动
企业利润增长。然而，在危机和萧条年的影响下，多数企业家
仍然对吸引扩大外部筹资持怀疑态度；为经济增长提供资金支
持的主要是企业留存利润；外部筹资率在世纪之交后才再次增
加，因此并未形成信贷和股票泡沫。直至1910年，股票价格
才再次回到1873年的水平。1893年开始的增长周期的显著特
点是电力和化学工业的基础创新。主要因重工业生产过剩造成

的1901年至1902年、1907年至1908年的严重停滞很快得以克服。经历1907年至1908年重创后，经济再次上行，持续到第一次世界大战前不久。1913年至1914年，停滞表现重新出现，但第一次世界大战爆发阻止了经济的明显衰退。

此次经济繁荣是全球性的现象，得益于19世纪90年代以来"大萧条"通缩局面的消失。在克朗代克和南非发现的金矿，帮助化解了自19世纪90年代中期开始的通货紧缩，也使美国能够在1900年推出金本位。世界经济中心之间的国际货币和商品往来从此有了稳定的货币秩序。虽然金本位理论上将各国央行的黄金储备与货币量挂钩，具有限制倾向，但是在应用上很灵活，英格兰银行会帮助各央行在紧急情况下解决流动性问题。汇款系统的引入（德意志帝国是在1907年），大大缓和了金本位限制性的后果。

1914年之前，美国和德国的经济最具活力。德国没有出现投机过度发展，美国反复产生泡沫又破裂，但因为全球经济强劲，并没有像1857年或1873年那样触发危机。尽管如此，美国的金融危机仍令人不安。1907年，一次投机泡沫的破裂最终导致美国的政治意愿得以执行，用国家银行作为"最终贷款人"（Lender of Last Resort）来规范金融市场。1913年，联邦储备体系成立，不断威胁银行系统的投机似乎由此被拔掉了毒牙。

除了19世纪70年代初至90年代中期之间的增长动力较

少，由于通缩局面情绪普遍较为低迷之外，1850年至1914年间整体上是重要的经济扩张时期。经济危机"本身"的出现非常规律，但1857年第一次世界经济危机和1873年之后的创始人破产更具有"认识到的"危机的特点，也被同时代人视为决定性事件。自那时起，危机的过程更加温和。在长波的经济繁荣期，危机终于不再被当作真的具有威胁性，经济理论也证实了这种印象。相应地，以前的国家没有实施现代意义的经济政策。货币、贸易、金融和社会政策固然重要，但并未考虑使用经济政策。即使考虑了，也根本不知从何入手。这种情况在之后数十年发生了颠覆性变化。

第六章 —————— **世界大战影响下的危机和灾难**

　　第一次世界大战爆发，结束了19世纪90年代以来的全球经济繁荣阶段。经济节奏在战后回归，但由于世界经济关系遭到摧毁以及战争造成的经济和社会后果，经济节奏的特征比以往更明显。繁忙的扩张阶段与深刻的危机交替出现，深刻危机的低点就是世界经济危机。第二次世界大战爆发前，世界许多地区仍未克服这些危机。直至1945年后，经济发展才再次与"一战"前的长期发展趋势成功衔接。两次大战期间的经济波动标志着近代危机史的一个特殊阶段，很难相信这些经验具有普遍意义，可以推而广之。

世界大战、大通货膨胀及后果

　　"一战"的后果既严重影响了实际贸易关系及国际分工，也严重影响了世界货币秩序——金本位制。彼时运作相对良好的世界货币体系被毁。显然，战争结束后世界贸易体系很难恢复到1914年前相对自由的状况，因为战争参与者均希望根据战争胜负结果，重塑利于己方的全球经济结构，这一点毋庸

置疑。1918年后，战前国际贸易和国际货币体系果然无法恢
复，尽管这本该是解决经济和金融的战争后果（赔偿、同盟国
间债务）的基本前提。1918年后，全球经济遭受了部分由于政
治造成的全球分工封锁。战争带来了进一步的结构性负担。在
战争期间，许多未直接参战的国家经历了进口替代和工业化进
程，欧洲交战国损失的工业进口通过建立自有的生产场所得以
补偿。美国、阿根廷和澳大利亚等国在1914年后扩大了农业
生产能力以向欧洲供应粮食。即使意愿良好，经济问题仍很严
重。以前欧洲的全球主导经济地位不再是理所当然，可以预见
欧洲大国的国内经济问题必然会急剧增加。1914年前，政府份
额一直相对较低；在战争期间，国家宣布将越来越多份额的民
用产品用于战争。这部分占比在战后有所下降，但是不可能回
归到战前经济自由主义的世界，因为必须先要克服战争造成的
社会后果。1914年前，大国的经济和货币政策的定位是保持世
界经济和国际货币体系稳定；而在1918年后，体系很大程度
上受到内政制约，后果无法预料。

　　在约翰·M.凯恩斯看来，凡尔赛体系建立在对战败国政
治和经济暂时的歧视和弱化的基础上，同时要求战败国以赔款
方式承担战争费用，以此阻止战败国回归运转正常的全球经济
分工。对于当时的德国和其他战败国的民众而言，凡尔赛条约
就是灾难，世界经济分工体系被摧毁，他们无法挣得本国必须
支付的赔偿。战胜国也并不好过，法国东北部和比利时大部分

地区被毁坏，英国、法国、意大利和俄国的战争得到美国和英国部分贷款提供的资金支持。美国坚持要求偿还贷款，英国在自己未获得延期偿付前也坚持要求还款。俄国在革命后停止偿还债务，这更迫使德国必须付款。物质方面，美国是战争大赢家（占世界工业生产的份额在1913年和1926年至1929年分别为35.8%和42.2%），德国（14.3%，11.6%）和英国（14.1%，9.4%）则是输家。由于各国要么由于战争失去了国外资产（德国），要么不得不将其用于为战争提供资金，债权人和借款人结构发生了根本性变化。欧洲，这个世界上传统的债权方，如今成了主要债务方；美国则成为大的债权国，虽然它还不能真正胜任这一角色。1914年之前，英国和英格兰银行占据着平衡世界经济的位置，1918年之后这一位置一直空置。

两次大战期间的危机事件是这种局势主导决定的。发动战争和战争的直接经济后果起初更具决定性。随着1914年战争爆发，整个欧洲的黄金承兑义务停止。本国的经济和金融政策事实上摆脱了黄金制度束缚。鉴于世界大战的现实，这别无选择；但是西方的首场技术装备战表明，战争对经济和财政提出了前所未有的要求。没有任何开战国对此准备充分。战争爆发时出现的大问题（产量下降、工作时长短、失业）证明，备战并不十分有效。封锁和出口禁令对经济施加额外压力，1914年秋天，扩张军备的努力改变了这一局面。国家并不具备向军需品生产转化所必需的资金，税收只能覆盖部分战争费用，大部分资金需依靠增加政府债务获得，这必然会促进通货膨胀。政府份额（Staatsquoten）急剧上涨，英国的政府份额从1914年前的约10%上涨到1917年的40%，法国涨到50%，德国涨到60%。资金源源不断流向蓬勃发展的军需工业。

由于货币量增加及民用商品供应短缺，战争后半段通货膨胀加速，导致社会阶层出现分裂，德国尤甚，因为封锁也导致了粮食的实际短缺。国家的对策是采取管控措施，不过只要有钱就能摆脱管控。短缺和黑市交易主导着战争后半段民众的日常生活。1918年，许多欧洲国家面临崩溃。俄国、奥地利和德国首先崩溃，英国、法国和意大利三国的社会冲突也极为剧烈。

战争结束时先出现了转型危机，当军备合同减少甚至彻底取消时，生产不得不转为民用产品。由于被压抑的需求巨大，整个欧洲的危机时间比较短暂，出现了迅速产生但持续时间不长的恢复型经济。1920年，恢复型经济崩溃，一场严重的全球经济危机开始，某种意义上恢复了战前节奏（上一次危机发生在1913年）。危机的直接导火索是企图采用限制性和通缩的财政政策，按照美元战前汇兑平价返回金本位。美国是战后唯一立即返回金本位的国家。英国为此爆发一场政治辩论，最终的投票赞成金本位和战前汇兑平价，这就要求减少通胀的货币供应量。与1914年以前不同，此时的限制性财政政策导致了国内的政治冲突。尽管如此，英国政府选择了走强硬路线，因此也不得不承受经济上的情绪低迷。这种低迷并未止步于英国，试图遏制战争造成通胀的尝试导致全球经济崩溃，最终扩大为全球经济危机。

法国和德国没有采取强硬路线，未遭遇危机。法国放弃限制性财政政策，后来努力回到改变的汇兑平价，即法郎贬值的金本位。战争结束后，德意志帝国银行在行长鲁道夫·哈芬施泰因（Rudolf Havenstein，1857—1923年）带领下与帝国政府密切协商，坚持通过提高帝国浮动债务，为帝国财政预算提供资金。这与固定的、借款融资的帝国债务不同，直接增加了货币量，这在军人退伍和克服转型危机时效果不错。鉴于巨大的社会冲突，利用公共开支稳定社会，在政治上是可取的。这种财政政策也导致马克对外贬值，这被证明是一种经济刺激计划，出口因此大幅提升，而进口变得困难。只要马克的对外价值跌幅快于国内价值跌幅，那就对想要获得马克在德国支出的外国人有利，德国的外汇投机商可以从货币贬值速度差中受益。

这样，德国成功地保证了直至1922年的充分就业。1922年秋季和冬季，失业率开始攀升。尽管通货膨胀加剧，1923年9月劳动力市场才崩溃，货币改革后的整顿期失业人数居高不下。1918年至1919年，国民生产总值勉强达到战前三分之二的水平，1922年恢复到战前80%的水平以上，随后又回落到约73%。1923年春开始，日常经济生活开始混乱，到了1923年秋天，经济终于大面积停滞。直到1923年10月实行激进的货币紧缩，以及以1兆纸马克兑换1地产抵押马克的比例回收纸币马克，通货膨胀的局面才被打破。随后的限制性财政预算和财政政策，本意在于保护新货币，却引发一场全面调整危机，决定了1924年的主要经济事件。大量失业此时也成为德国的日常。限制性预算和财政政策奏效；调解德国赔款债务的道威斯计划重建了德国信贷能力，帝国银行之后用限制性利率政策对此进行监控。1924年8月30日，帝国马克引入，德国的通货膨胀篇章就此翻过。

　　1918年后德国的货币和金融政策严格依据国内和社会政治考虑，基本上忽视了全球经济关系。因此在国民经济总量规模方面，德国很长一段时间内发展并不差。与英国相比，两次大战期间德国的国际货币政策陷入两难困境。维持金本位需要严格的预算和财政政策，但战争结束后形成的大众民主条件让政策难以执行，况且这些政策在经济上也有弊端。欧洲的多数政策制定者，尤其是英国政府和英格兰银行，坚信1914年前金本位的神奇效果，尽管"一战"后造成严重的社会后果，仍然坚持贯彻金本位。德国最终也被迫回到金本位，服从其逻辑，因为只有这样，新帝国马克的外部价值才能稳定，德国才有能力支付赔偿1924年道威斯计划规定的每年约20亿帝国马克的战争赔款。仅这个原因就清楚表明，德国通货膨胀"模式"已达极限。它创造并加剧了德国受《凡尔赛条约》约束的赔款的转让问题，有利于要求实物支付。但通胀的成功在结构上也付

出巨大代价。许多企业在通胀中免除了债务，为了保值，继续
增加战时已经扩建的设备设施，由此在通胀时拉动投资，此后
又加重了结构负担。通胀受害者主要包括资金持有者，即战争
债券、年金债券和储蓄金所有者，而政府、大量企业和农场则
摆脱了债务，工人一定程度上能够捍卫实际工资。超级通胀最
终使经济体系陷入瘫痪，留下一个严重撕裂的贫困社会。

"黄金二十年代"

通胀尾声的严重调整危机后，德国经济缓慢复苏。1925年
至1926年，复苏再次被短暂的经济危机中断。1927年和1928
年情况有了缓慢改善，然而与战前相比，失业率接近10%且一
直居高不下。企业盈利状况不佳，投资率较低。部分投资只能
通过吸收外资来融资，尽管外资只是短期投资，却大都用于较
长期的支出。这样一来，如果外国投资者撤资，就会产生另一
个潜在问题。然而，魏玛共和国时期，投资疲软并不仅是像经
济协会声称的那样，是低盈利和严重的融资问题造成的。德国
工业遭遇产能过剩，而国内市场吸纳能力有限。企业试图针对
性地改善成本结构以解决问题，选择的手段是维持低工资和优
化生产过程，以便重新赢得行动空间。在公司个体看来这是符

合逻辑的手段：经由优化效应，提高了整体产能。然而，这一对于各家企业而言别无选择的策略，却加剧了整体经济问题。魏玛共和国经济陷入两难境地：产能过高、工资相对较高（克努特·博查特，Knut Borchardt），而资本短缺，难以进入国际市场。前方看不到出路。

　　这种困境并非德国发展独有，相反，是全球经济结构性扭曲导致德国的问题加剧。战时投资和进口替代的工业化提高了全球工业产能，此时给市场带来了通货紧缩的压力，因为其他参战国产能同样大幅提升。欧洲钢铁工业的产能与战前相比增长超三分之一。汽车和飞机制造业增长更快。如前所述，农业经济尤其受到影响。虽然1918年以后俄国取消供货阻止了战后立刻爆发农业危机，但作为结构性负担的全球结构性产能过剩问题很快清晰可见，价格仍然饱受压力。工业产能过剩和农业生产过剩成为国际贸易和贸易政策的主要压力，战争赔偿和战争债务、国际货币秩序问题也仍旧存在。由于凡尔赛体系创造了不少相互敌对或对抗的新国家，曾经的交战方坚持报复或持续抑制对方，20世纪20年代中期，所有能让国际分工重返正常运作的前提条件丧失殆尽。

　　其间，举办了多次国际贸易和世界经济会议以尝试解决问题，讨论的焦点在于货币、重新引入金本位及其运作方式的问题。尽管回归金本位，维持汇兑平价困难重重，但共识是，只有金本位才能保证全球经济分工繁荣。因此，20世纪20年代中期，许多国家恢复了金本位。全球经济危机爆发前不久，金本位再次成为世界货币制度。

战前时期，英格兰银行监管金本位的运作，并在短期内帮助流动性有问题的国家，而大战期间缺乏类似的中央机构。英格兰银行缺乏金融资源，无法扮演这一角色，美国无意接管，而法国主要想利用国际货币体系中的强势地位达到其政治目标。由于使用金本位，货币量必须与可支配黄金储备量捆绑，黄金外流迫使采取限制性财政及利率政策，这在"一战"之前毫不费力可以实现，但此时则导致国内剧烈的政治冲突。英国政府感受最强，因为不得不一再大量干预，令英镑升值，从而损害到国内经济。德国货币政治主权也因支付义务受到限制，更不用说，如果德国实行宽松货币利率政策，对于本就迫切需要的资本流入会更无吸引力。广受非议的是，美国不愿意承担更多责任，如处理同盟国间的战争债务，而是严格优先考虑国内经济和国家立场，因此，金本位制度倾向于经济的自我封锁，倾向于向通缩发展，加重了全球产能过剩的负面影响。

两次大战期间的通缩趋势是否完全因金本位引起仍有争议。工业和农业产能过剩及政治上受阻的世界贸易本就对价格形成巨大压力。尽管如此，20世纪20年代中期开始，美国终究受投机驱动，经济开始攀升，为"黄金二十年代"奠定了基础。这一投机过度的经济攀升，1927年和1928年也出现在欧洲的许多经济体，引起纽约证券交易所股价大幅上涨，显示出

种种泡沫迹象。由于美国停止对欧洲资本出口，国际收支状况
恶化，1928年，联邦储备银行大幅加息，结束了资本向欧洲外
流，使英国和德国陷入国际收支困境，但是刺激了投机，因为
此时的美国资本开始全部转向华尔街。虽然欧洲能再次避免国
际收支危机，但美国的投机活动达到新高度。1929年秋，投机
泡沫破裂，引发了全球迄今最严重的经济危机。投机崩溃、经
济衰退、国际货币和金融体系危机、结构缺陷及日益增长的保
护主义经济贸易政策组合在一起，让一场经济衰退最终变成经
济和社会灾难。没有这场危机，纳粹主义不可能在德国崛起。

世界经济危机

　　1928年至1930年间，各国相继爆发经济危机，持续时间
各不相同。有的危机直到"二战"爆发还未克服。经济危机震
中在美国，德国受到的打击尤为严重，法国和荷兰等国的危机
表现较为温和。20年代英国经济几乎没有上行，因而其经济危
机也没德国那么戏剧化。

　　1929年至1932年危机核心阶段，美国和德国国内生产总
值（GDP）下降超四分之一，工业生产甚至下降了五分之二，
各行业受冲击的严重程度各异。重工业和投资品产业下滑极其

严重，消费品和消耗品产业损失则相对较低。农业毫无疑问也是危机中心，第一次世界大战结束后，农业就一直在苦苦对抗滞销和价格下跌问题。在美国及财政援助东部农业的德国，农业危机直接成为政治制度负担的大问题。美国和德国失业率居高不下。据官方统计，1932年德国失业人口有600万。如果加上临时工作和隐性失业，近一半德国人口都处于直接或间接失业状态，或者社会阶层降低。汉斯·罗森伯格认为，导致部分人口极端化的"集体危机神经官能症"此时已蔓延开来。1932年夏天，德国危机的低点被打破，美国的"筑底"也愈发明显。但直到战争爆发，美国的经济危机才被克服。由于纳粹的武器装备经济，德国克服经济危机步伐更快。1936年，德国达到充分就业，超过危机前的生产水平。其他欧洲国家虽然在20世纪30年代中期克服了世界经济危机，但经济没有真正明显的增长。这些地区的经济发展受到抑制，直到战争改变了一切。

这次全球经济危机的爆发通常都会跟1929年10月24日黑色星期四（欧洲是星期五）纽约证券交易所股价大幅下跌联系在一起。德国的经济形势早已蒙上阴影，一些指标显示，1929年的前几个月就已经达到经济转折点。德国同样感受到美国股市暴跌带来的后果。只是在1930年，德国人就认为最糟糕的情况已经过去，并且同样在1930年，世界上多数观察家都认为，危机在可预见的将来会被克服。这样看来，布吕宁政府采取措施，收紧原本已严格限制的财政预算政策，以此应对全球经济危机爆发的做法是得当的。

随着奥地利信贷机构崩溃，1931 年，世界经济危机进入第二阶段，其高潮是世界经济体系崩溃，最终导致金本位被抛弃，各国竞相采取保护主义。奥地利银行业危机导致信贷从奥地利和德国加速撤回，两国国际收支状况急剧恶化。法国认为德奥计划的关税同盟违反《凡尔赛条约》，只愿意在德国放弃关税同盟的情况下才考虑提供援助，这更加剧了德国的外资撤退。承诺已经给出，但并未改变德国金融和银行系统在 1931 年崩溃的命运。德尔门霍斯特和不来梅的一家大型纺织公司——北德羊毛精梳和精纺纺纱厂（北纱）破产，将达姆斯塔特和国家银行（Darmstädter und Nationalbank）拖入深渊，引发银行挤兑，最终通过银行强制休假才得以控制。德国大型银行资不抵债，事实上与自有资本"脱钩"，彼此也无法提供帮助，有些被国家部分或全盘接管，有些被迫合并。而由于受战争赔偿制度约束，无法放弃金本位及高利率政策，德意志帝国实行外汇管制经济，以结束黄金和外汇的继续撤离。

欧洲中心的金融市场崩溃随后也沉重打击了英镑和金融之地伦敦，维持英镑兑美元的黄金汇兑平价难度日益增大。早在 1930 年，美国保护主义的斯穆特－霍利关税法（Smoot-Hawley-Tariff）就沉重打击了国际贸易体系，导致许多国家开始增加关税。1931 年夏问题加剧，致使到了 9 月，英国放弃金本位制，使英镑贬值，并采取大量措施保护大英帝国。尽管以法国为首的几个国家坚守着金本位，但全球经济体系已被打破。1930年以来已经萎缩的世界贸易再次大幅下滑。此时的全球经济至少三个地区（算上银本位国家如中国则是四个地区）在货币方面彼此隔离：法国、荷兰、比利时和美国组成的黄金区，美国在国内政治关系的压力下，已于1932年脱离体系，因此黄金区倾向解体；另外还有以大英帝国为中心的英镑集团及中欧和东欧的外汇管制经济区。世界经济进入尾声。

各国纷纷偏离彼时一直遵循的自由经济政策原则，该原则的核心是维护和保证金本位。巴里·艾肯格林（Barry Eichengreen）和彼得·特明（Peter Temin）所言非虚，金本位逻辑把握着直至20世纪30年代早期的经济政策思想，决定着经济行动。但是有批评者认为，坚持金本位要求财政约束和低通货膨胀率，其实是个通缩政策。尽管国内政治问题重重，危机期间的各国政府，尤其是德国海因里希·布吕宁（Heinrich Brüning，1885—1970年）内阁和美国胡佛政府，仍然坚持金本位政策。德国其实也别无选择，经历过通胀，帝国银行需履行战争赔款义务，只能给帝国提供极有限的贷款，这些限制了布吕宁的施展空间；再加以布吕宁的政治动机，他试图通过实施严格的财政整顿路线显示出德国在竭力履行赔偿义务，只是客观上无法达成。布吕宁利用紧急政令措施，多次降低工资薪金，甚至在条件许可情况下降低价格，减少政府开支，力求掌控危机及赔偿义务，但成果寥寥。1931年初夏，全球经济危机进入第二阶段，1931年9月，英镑贬值后世界经济崩溃，这显然使经济前景蒙上阴影，而国家社会党和德国共产党得票率增加后，德国国内紧张局势大幅加剧。1932年夏初，兴登堡弃用布吕宁。布吕宁错误地认为自己的政策会成功，因为从赔偿已接近尾声及德国已经度过经济危机的低点来看，这种看法并非不现实。但是，民众忽略了这一点，要求尽快采取有效措施克服危机。

　　在美国也是如此，胡佛所谓的紧缩政策在1932年达到了极限。尽管有一些针对美国经济的凯恩斯主义措施，但胡佛的政策主要通过财政纪律来解决问题，也许是考虑到了19世纪危机的情况。富兰克林·D.罗斯福（Franklin D. Roosevelt，1882—1945年）宣布会突破以前的政策，并计划让华盛顿的联邦政府成为危机管理的积极因素，他也因此当选为总统。放弃彼时仍在使用的金本位汇兑平价、美元贬值、将经济和货币政策归入内政规定管辖，这些只是第一步。举世闻名的"新政"包括一系列广泛支持措施，从对农业的大量支持到大型基础设施项目（由田纳西河谷管理局兴建）。这些措施的效果未必成功，却被纳入美国人民共同克服危机的一场全面行动（蓝鹰运动）。即使宪法不无争议，富兰克林·D.罗斯福仍成为卓越的人民领袖，用声势浩大的运动向国家议会机构施压。沃尔夫冈·希沃尔布施（Wolfgang Schivelbusch）把比较1932年至1933年后美国、意大利和德国反危机政策的一项研究取名为

"远亲"不无道理。

1932年，德国越来越多的声音呼吁国家采取积极的反危机政策，尤其要限制失业规模。希特勒政府的"创造就业"政策非常成功，这项政策最初建立在魏玛共和国晚期模式基础上。1936年，德国成为首个达到充分就业的国家，并在部分重点领域克服了全球经济危机。但是，官方称为"创造就业"的政策，实质上是巨大的信贷资助重整军备计划，这毫无疑问能够支持经济上升，但也强烈扭曲了国民经济结构。收入滞涨，消耗品和消费品行业几乎无增长，军备相关的经济领域却风生水起，蓬勃发展。表现在数字上的经济强劲增长与普通人擦肩而过，不具备任何可持续性。通往战争之路已经注定。由于期望从中让自己的业务发展获益，多数德国企业都参与了纳粹军备政策。魏玛共和国末期，企业根本没有公开批评严格的财政预算政策，反而要求更严厉地整顿财政，减少经济的纳税负担。国家调解和工资合约制度饱受批评，后者在危机中阻碍工资下降，企业认为这阻碍了竞争力的恢复。企业的战略重点是重夺全球市场份额，在这一前提下，削减成本和保持货币稳定的政策合乎逻辑。然而，1931年夏，希望全部破灭。成本压力进一步增大，对布吕宁政府的批评声四起，批评其在工资合约制度问题上不够激进。其实在世界经济危机中，抛开后来与欧洲经济集团之间眉目传情以作为失败的全球经济的替代方案，有组织的商界除了降低成本也难有其他作为。

自由主义思想陷入危机，不仅因为受其影响下的国家经济政策收效不大，而且在经济理论中它也逐渐失去了此前无可匹敌的统治地位。新古典主义没有发展出自己的危机理论。因此，英国经济学家约翰·M.凯恩斯更加主导了危机理论领域。他1936年出版的《就业、利息和货币通论》(_General Theory_)被当作启示录看待，因为该书为政府的积极经济政策提供了理论基础。根据凯恩斯主义对全球经济危机的解释，造成持续深刻的危机的原因主要是政府对反周期性的推力方向干预太晚或缺乏干预。1945年后很长的时间里，凯恩斯的观点主导着对世界经济危机的解释。凯恩斯其实并未提供任何危机理论，只是认为在未得到进一步确定的特定情况下，企业和家庭的流动性偏好、投资不足和工资僵化会导致长期失衡，国家应该对此予以平衡。20世纪60年代，这一观点受到质疑，当时米尔顿·弗里德曼和安娜·J.施瓦茨认为，两次世界大战期间，全球经济问题的主要成因是时代的通货紧缩基调及由此产生的央行错误政策，即过于限制性的政策。这种通缩在全球经济危机中升级，而危机之所以发展迅猛，是因为央行的限制性措施加剧了通缩危机。从这个角度来看，当时的货币政策是错误的，必须对20年代的结构性问题和全球深度经济危机负责。然而这一观点并非没有争议，特别是金德尔伯格指出，大量实体经济问题、生产过剩和消费不足的结构性情况，本身就解释了持续发展为世界经济危机的通缩基调。虽然之后央行限制性的确过强，但世界经济危机成因的核心是战后时期的经济结构性扭曲。

过去一些年，人们越来越关注金本位制及其后续影响，本质上是在更深入探寻通缩政策的历史背景。巴里·艾肯格林和彼得·特明认为，战后金本位政策失败，特别是在世界经济危机中失败，最终被迫过渡到面向本国的经济政策，重要原因是受到国内经济发展要求的影响。正是这种通货再膨胀政策，即摆脱金本位的限制及扩大货币供应量的意愿，才最终帮助克服了全球经济危机。但是，经济学家罗纳德·芬德利（Ronald Findlay）和凯文·鲁尔克（Kevin O'Rourke）认为，这也摧毁了世界经济。他们不认为金本位的终结值得庆祝，而是认为这正是1932年后经济复苏缓慢的原因，这导致当时缺乏运转正常的世界经济秩序。由此看来，经济史对于决定全球经济危机起因和深度的因素，认识并不真正统一。唯一确定的是保罗·A.萨缪尔森（Paul A. Samuelson, 1915—2009年）的推测，即造成世界经济危机的只是一条随机的不幸状况链。显然，这是一次经济周期性的衰退，并且因"一战"后全球经济结构性问题而大大加剧。这次经济衰退反过来又促进了一些反应，而这些反应本身又成为危机要素，例如相互间的经济封锁政策，这引发了世界经济的中期衰退。各国在危机中应采取哪些行动的问题依然无解。德国布吕宁政府的经济政策在当时几乎没有其他替代方案——至少在今天看来，那些政策并非完全没有效果。德国的情况也表明，凯恩斯主义政策绝不是唯一选择。部分年轻的经济学家，包括瓦尔特·奥伊肯（Walter Eucken，1891—1950年）、威廉·罗普克（Wilhelm Röpke，1899—1966年）、亚历山大·吕斯托（Alexander Rüstow，1885—1963年）、弗伦茨·伯姆（Franz Böhm，1895—1977年）、阿尔弗雷德·米勒－阿马克（Alfred Müller-Armack，1901—1978年）等，从自由主义危机中引出了秩序自由主义的理念，认为由于国家没有能力确保市场结构正常运转，而导致了世界经济危机。该观点主要批评的是，经济政策屈从于利益组织（垄断集团、协会、工会等）的压力，使得国家失去行动能力，导致重要的市场功能失效。因此有必要恢复国家的行动能力，使其能够摆脱利益集团和游说团体，保证经济自由秩序，在该秩序框架下，遵循市场规则，平衡发展经济。它发展和倡导的理想是个强大的、超越利益存在、致力于市场经济良好运转和共同福祉的国家政府。秩序自由主义的一些代表至少在一段时间里，希望希特勒政府能够实行秩序自由主义。然而，纳粹军备工业经济的现实很快打碎这个梦想，随之而来的是军备竞赛和灭绝战争，欧洲在这场战争中成为一片废墟。

　　1914年至1949年的经济发展史是一段例外。虽然发生危机的节奏一直保持到"二战"爆发（1913/1914年，1920/1921年，1929—1932/1933年），但这些危机明显较"一战"前严重得多。全球经济危机让之前积累的所有危机经验都黯然失色，让以往关于经济发展干扰的知识一夜间陈旧过时。两次世界大战期间的深刻危机的原因可能不在于个别错误的政策决定，即使这些错误加剧了每次的危机，并塑造了危机的具体面貌。20世纪20年代的问题不能全部归咎于金本位及因金本位做出的财政利率通缩政策。全球经济危机的经验也并不像看起来那么明确。1932年，金本位制寿终正寝。一同消失的还有有效的全球经济分工和活跃的世界贸易。战后繁荣的前夕，一种固定汇率但是灵活性更大的货币体系确立了，这就是布雷顿森林体系。金本位政策加剧了问题，但并非问题的起因。全球经济问题和危机深度也不能真的归因于缺乏有效的反周期措施。1932年后的再通胀政策经验完全是好坏参半，德国最为成功，但不宜作为榜样。两次世界大战之间的危机史有比应对性的经济和金融政策更切实的背景。首先是全球分工被破坏以及1918年后缺乏恢复分工的政治意愿。其次是全球金融市场结构改变，债权债务关系转移，美国缺乏意愿接受其在战争中增长的责任。再次就是"一战"期间及之后立即形成的全球产能过剩，这对于20世纪20年代已现病态的世界经济更是雪上加霜。然后就是全球农业产能过剩，导致农业结构性危机、价格下跌、债务增加、各国竞相保护各自的国内市场。接下来是各国都有的特殊问题，德国结构不良的大量外债、产能利用率差、利润低、投资不足、失业率相对较高，以及因调解带来的工资政策保障（20世纪20年代的结构性危机中，工资没有下降），最后还有"一战"遗留问题，使得对国家的要求提高，进而提高了对国民收入的要求，这些进程也成为大众民主程序方式的主题，使经济、金融及社会政策成为国内政治斗争的焦点。所有这一切都发生在康德拉季耶夫长波的经济衰退阶段，这一长波期间的增长前景原本就是黯淡的。总而言之，正是一连串的不幸导致了经济危机失控，从而不可避免地对政治系统提出过高要求。

第七章 ——"大繁荣"后：回归正常

　　"二战"后的经济发展起初没有任何好迹象。欧洲和亚洲的损毁无法估量，世界经济不具备任何运转正常的结构，1945年至1946年的战后政治秩序最多只是表明，日后世界将在经济和政治上分裂。反希特勒联盟随着战争结束土崩瓦解。最晚自1948年开始，两大敌对集团在冷战中对峙，多次险些越过界限演变成热战。在冷战和铁幕阴影之下，20世纪50年代初开始，西欧和美国出现的经济复苏进程史无前例。虽然在饱受战火蹂躏后分裂出的联邦德国，"经济奇迹"尤为突出，但这并非只是德国现象。20世纪50和60年代，多数西欧国家经历了"追赶恢复"过程，逐渐缩小了美国在战后看似遥不可及的经济增长、福利和生产力的领先优势，最终实现了平衡。20世纪70年代，西欧与美国的福利和生产力差距已经很小。亚洲，特别是日本的追赶恢复过程时间相对更长，但在20世纪60年代和70年代，其经济表现更具活力。远东地区发展长期慢半拍的国家日本，在这个时期超过大部分欧洲经济体，东亚和东南亚小国也开始崛起，进入世界经济的第一梯队。

　　战后持续的高速增长使人相信，不仅两次世界大战期间的危机性发展，甚至经济危机总体上都可避免，经济政策的任务就是确保经济增长均衡。经济学毫不畏惧地承担了此间的传声筒角色。凯恩斯主义提出了这样的理论，其核心观点是反周期的，避免或至少减少不均衡的行动是可能的。结合新古典微观经济学，一种经济治理模式由此出现了，直至20世纪60年代末都被广泛接受。这个计划和治理幻想并没能在20世纪70年代首批严重的经济危机现象中幸免，因为其经济治理的核心假设之一并未得到证实，即增加流动性或通过政府贷款，以温和通胀为代价，可以推动增长、确保就业。同样，另一种战后的核心机制——汇率固定的布雷顿森林体系，为了避免未来出现两次大战期间一样的货币动荡，以及不再重蹈20世纪20年代金本位错误的覆辙，在1944年专门被创造出来，却不得不于1973年被放弃。由于各参与国经济发展差异巨大，固定汇率制度过于僵化，为维持这种汇率，会要求支出不断增加。20世纪70年代初，美国单方面摒弃按照特定汇兑平价用美元兑换黄金的承诺，这一制度随之终结。人们期待的永久繁荣没有出现，取而代之的是反复的经济和危机周期，这个过程今天仍在继续。

1966 / 1967年、1974 / 1975年和1981 / 1982年的危机

20世纪70年代初，西欧已经不再具备战后繁荣的条件。

战争造成的破坏已修复，赶超需求已得到满足，与美国生产率的差距已弥补，出口优势，尤其是德意志联邦共和国在布雷顿森林体系框架中顶着通胀压力仍享受的出口优势也已不再。战后繁荣显然已到尽头，经济发展正常化。战后的这些年，德国没有经历过真正的经济危机。只在 1967 年，国民生产总值略有萎缩。虽然当时大众对危机产生短暂恐惧，唤醒了魏玛共和国时期的经历，尤其是在这几年，德国国家民主党在不同州议会选举获得成功，并于 1969 年差点赢得联邦议会大选，1967年的经济发展"低谷"还是被迅速被克服。德意志联邦共和国特有的经济萎缩确是因为国家经济和利率政策犯了错误。政策摇摆不定迅速毁掉了路德维希·埃哈德（Ludwig Erhard, 1897—1977 年）的声誉——他于 1963 年接替康拉德·阿登纳（Konrad Adenauer, 1876—1967 年）担任联邦政府总理，短短几周内就名誉扫地，从社会市场经济的英雄变成不堪重负的联邦总理，最终黯然下台，让位给大联盟执政，凯恩斯主义成为了政府政策的官方指导。埃哈德在 1966 年经济衰退中的行动确实没有成效。1965 年，赢得联邦议会选举后，他虽然大规模分派选举礼物，但是当 1966 年经济出现放缓迹象时，联邦政府却放弃积极经济政策，呼吁节省"克制"。货币和价格稳定优先于经济刺激措施。鉴于 1967 年将要出现 70 亿马克的预算赤字，埃哈德考虑加税，这导致自由民主党退出执政联盟。埃哈德组建了少数派政府，但因为外交政策失误以及阿登纳的图谋，他失去自己党内的支持。党内提名库尔特·G.基辛格（Kurt G. Kiesinger，1904—1988年）作为其继任者，基辛格组建了联盟党和社会民主党的大联盟政府，在1966年12月结束了政府危机。

经济危机仍然势不可当。1967年，联邦德国国民生产总值萎缩，失业人数从20万激增至70万。欧洲和全球经济环境正常，尽管货币体系存在各种问题，危机依然持续时间不长，但影响极其深远。危机被同时代人解读为政策的失败，这种认知解释了卡尔·席勒（Karl Schiller，1911—1994年）的迅速崛起。社会民主主义者席勒，拥有伟大智慧和极度自信，代表着与路德维希·埃哈德完全不同的经济政策路线。埃哈德的观点还很传统，主张自主行动的国家应保证自由经济秩序，企业和消费者在此自由秩序中应根据各自利益和喜好自由行事，供求、市场与价格机制自然会对一切予以调节。而席勒不相信市场具备自主功能，而是认为市场会导致发展不均衡，这需要国家或经济政策干预才能平衡。同时席勒认为，国家不是既定标准，不是必须按照自己的权利和规范行事的道德观念。他认为国家和政治是社会的一部分，因此国家与政治的行动是代表合法利益的结果，是冲突和共识的成果。席勒认为自己是这个谈判过程中的主持人，具备丰富高超的经济知识，必须把有冲突的各方利益引向理性经济的正确道路。埃哈德政府时期已制定完备，1967年才通过的稳定法规定，国家有义务推动所谓的魔法四边形（稳定物价、充分就业、外部经济平衡和适度经济增长），有权对经济进行干预。该法案一直遭到埃哈德拒绝，而在席勒手中却成为尖锐武器，如他发起的"协同行动"一样。德国联邦经济部、雇主和工会（后来包括各州）的联合机构应当辅助实施稳定法框架内的措施，确保国家经济行动获得社会广泛共识。经济部为此制定目标（如预期增长率、价格发展等），从中得出未来工资发展的设想。起初，这一模式运作似乎良好。1966年至1967年的经济危机迅速被克服，1968年和1969年，增长率再次上升到在经济奇迹时期习以为常的数值，但由于德国马克估值一直过低，通胀压力重新增加。工会在"协同行动"中坚持起初较低的增长预期，相应地也坚持了预期工资增长的小空间，于是此时四面楚歌：一方面是高增长，另一方面是高通货膨胀，工人的分配状况严重恶化。1969年，联邦德国爆发全国范围的自发性罢工，很多公司做出工资合约之外的妥协，进一步加剧了工会的担忧。1969年以后，工会不再打算加入"协同行动"。"协同行动"失败只是席勒的地位被削弱的原因之一。不断增加的通货膨胀压力最初还能被当时极具争议的马克升值抵消，然而后来并未减少德制产品的稳定性风险，风险反而进一步增加，原因是自1969年联邦议会选举，社会民主党与自由民主党联合政府取代大联盟政府后，预算和财政政策就不再只是依据金融经济政策考虑，而是更多地反映出新联邦政府的社会政治目标。政府不仅策划实现"更多民主"，也志在纠正社会不公及其后果。社会变革难以实现，似乎就必须推行广泛的结构变革。根据凯恩斯模型反周期设计的席勒方案，即在危机时扩大开支、繁荣时削减开支的做法，被彻底改造，因为1969年后，联邦政府无意在危机被克服的情况下采取反周期措施。尽管1971年征收了一段时间的投资税，但支出本身却大幅扩大，导致财政部长亚历克斯·莫勒（Alex Möller，1903—1985年）辞职。席勒仍旧很乐观，兼任了莫勒的职位，但他却也未能让政府成功遵守预算管控。1972年，席勒下台。1973年，鉴于经济增长率高，通货膨胀压力持续，维利·勃兰特（Willy Brandt，1913—1992年）政府重新踩下经济政策制动器，却恰恰选择了错误的时间点。这年年底，原油价格因中东战争急剧上升，加剧了已经显示端倪的经济降温。1974年，爆发了战后第二次显著衰退，而这一次导致了真正危机。1975年，年平均失业人数首次超过100万，此后这个数字再未被打破。1974年，勃兰特下台，这标志着改革乐观主义结束，而新总理赫尔穆特·施密特（Helmut Schmidt）则代表了务实性和现实主义。70年代中期，虽然没有正式宣告，联邦德国的凯恩斯主义还是走到尽头，对于可行性的想象不得不让位给艰难的经济现实。同时，赫尔穆特·施密特的执政并不意味着维利·勃兰特改革期的突然中断。国家债务继续增加，通货膨胀率没有真正回落。尽管受到其他经合组织国家的压力，迫使德国成为了经济火车头，但国家支持的经济刺激计划仍在继续。即使如此，赫尔穆特·施密特和法国合作伙伴瓦莱里·吉斯卡尔·埃斯坦（Valery Giscard d'Estaing），尤其是与德国央行一道，成功稳定了欧洲货币状况（蛇形浮动汇率制和建立货币体系），让马克实际上成为欧洲的主导货币。但这并没能阻止1981年至1982年再次爆发经济危机，此次危机虽不似1974年至1975年那样剧烈，但还是促使失业人数增加，国家债务进一步抬升。至此，联邦德国的凯恩斯主义经济政策模型——试图通过反周期措施阻止经济危机的举措彻底失败了。20世纪70年代，英国和美国同样陷入加剧危机的高额国家债务和高通胀率的两难境地，尤其面对日本的竞争，至少在主观上感觉到异乎寻常的长期衰落，玛格丽特·撒切尔（Margaret Thatcher，1925—2013年）和罗纳德·里根（Ronald Reagan，1911—2004年）也已令人震惊地与凯恩斯主义彻底决裂。

20世纪70年代末80年代初期，英国与美国这两个国家开启了"新自由主义"纪元。虽然"新自由主义"这个术语在德国并不成功，因为容易联想到"二战"后社会市场经济的诞生，但"新自由主义"的核心是回归纯粹的市场经济的道路，克服凯恩斯主义被诟病的错误。其中米尔顿·弗里德曼和曼瑟尔·L.奥尔森的思想起了关键作用。凯恩斯主义的诞生是为了克服或避免失衡，但是批评者却认为它恰恰制造了失衡，在它旗下的经济政策干预并不成功，特别是货币供应量过度膨胀，才使得经济增长不足，通货膨胀成为可能。就这点而言，20世纪70年代的危机是作为危机疗法出现的政策所造成的。经济学芝加哥学派及鼓舞人心的"市场激进者"米尔顿·弗里德曼认为，关键在于收回国家的经济政策，释放市场力量。即使减少国家作为、放宽市场活动管制的调整过程最初可能很痛苦，但用正确的货币政策来决定国家经济金融政策的核心，广泛放宽对经济活动的管制，打破历史增长的监管框架，回归市场经济可接受的最小限度，平衡、动态的经济发展自然就会实现。然而联邦德国没有实现这一根本性转变。不过1982年，奥托·格拉夫·兰布斯多夫（Otto Graf Lambsdorff，1926—2009年）声明放弃效忠社会民主党总理赫尔穆特·施密特，就是指向这一发展方向。

今天看来，"二战"后的繁荣年与两次世界大战期间的年份一样，属于特殊年份。不过这些是积极意义上的特殊年份，因为这一时期的西欧国民经济弥补了战争以及两次大战之间的发展中断，经历了前所未有的繁荣。然而，同时代人并不这样看待；他们认为战后年代的增长期更多是机智的货币、金融和经济政策的结果和成绩，由此自然会认定如果经济治理能借鉴凯恩斯主义而正确执行，就会永久保持增长和充分就业。固定汇率体系中持续的困难其实可以表明，战后经济复苏并不稳定，因为特殊年份因素的影响逐渐减少。然而，恰恰是放缓的经济势头导致了进一步推动国家积极经济政策。20世纪60年代后期，国家不仅想治理经济，还想改善整个社会，此时的社会觉醒进一步强化了推动作用。

当下观之，经济周期及经济危机的回归并不突然。对于同时代人来说，它们却像灾难，这就是为什么有些解释会过早被接受，例如把危机事件归因为1973年和1979年石油价格上涨。可是，提升油价虽然短期内改变了贸易条件，使石油费用更高昂，却并非危机原因。相反，经济衰退本身遵循众所周知的投资和库存周期模式，在某些情况下，例如之前受重建影响的环境因素不复存在，这些周期本身就会导致整体经济表现暂时收缩。此外，危机也是经济结构变化的重要因素，既会体现出这种变化，也会加速这种变化。因为布雷顿森林体系的出现，货币保护被消除，这加剧了德国本已预见的某些工业行业萎缩，改变了国际竞争的框架条件，企业只有更努力争取，强制进行精简优化，才能保持国际竞争力。虽然对于20世纪70年代后期和80年代初期危机，"市场激进"的回应也基于政策正确时能实现永久持续均衡的幻觉，但着眼点完全不同。通过放宽管制，使全球商品、资本及劳动力市场自由化，这些激进措施首先实现了后来被称为全球化的现象。"新自由主义"旗号下的无危机发展的愿望虽未实现，全球化却作为全球经济动员的结果和因素，重大影响了经济危机的发展。

第八章 ———————— 全球化时代的
无界与觉醒

　　全球化令全球经济环境发生了变化。最迟于"铁幕"倒塌后，世界某种意义上重回了1914年前的结构，以及19世纪决定危机事件的结构。经济周期仍然存在，即使全球市场开放，周期性也未发生根本变化，但经济周期发展的条件已完全不同。全球电子网络互联，为套利提供了机遇，而套利行为在过去几十年中一度不复存在。最晚自20世纪90年代开始，资本和金融市场放宽管制，消除了先前存在的资本流动阻碍，首次出现全球化的资本和金融市场，让全球玩家能够利用现代技术在最短时间内对价格差异做出反应。这种开放创造了难以想象的经济机遇，但也使过度投机更加容易，两者相辅相成，互为因果。

　　目前在金融市场饱受批评的多数做法（信贷保险、卖空、期权等）都源于这种开放，因为只有这样对冲，金融和资本市场急剧增加的波动才看似可控。倘若这些机制被用以投机，就会进一步加大资本市场价格的波动性和不可预测性。彼时这点还难以预见，即使可预见，弃之不用在经济上也是不负责任的。这俨然是一种悖论。

　　这里描述的新投机受到20世纪90年代以来全球金融市场持续的低利率和高流动性阶段的推动。除了归功于日本1990

年代以来因陷于通货紧缩陷阱而采取的积极货币政策外，低利率政策主要缘于美联储和美国政府的举措。低利率政策起初成功推动了20世纪90年代的经济发展，但也促进了互联网投机性泡沫的形成。在互联网经济崩溃，纽约2001年9月11日袭击事件发生后，低利率政策不仅有助于振兴经济，也利于美国内政稳定。这一政策实际上也实现了美国的社会政治目标，如使低收入人群更易获得住房所有权。全球商品和资本市场自由化，低利率和高流动性本身就是投机性推高经济的充分条件，随之而来的还有国际货币秩序问题。虽然欧洲先启用货币蛇形浮动，接着建立欧洲货币体系（EMS），再加上成立货币联盟，找到了可行办法以解决布雷顿森林货币体系消亡后的遗留问题，但即使这样，发展也非全无危机。正如1992年里拉和英镑危机所显示，这两种货币当时都被投机者挤出了欧洲货币体系。自20世纪80年代起，世界范围的货币动荡加剧，这体现在不计后果、不负责任的高外债，也体现在高外债导致的国际外汇市场上针对个别货币的做空。19世纪就存在的经济危机、过度投机以及货币和债务危机构成的重重危机景象，于20世纪80年代回归，而且在网络互联、运行速度不断提高的条件下，发生了质的变化。

货币危机与国际收支平衡危机

　　即使经济现象必然会影响世界，但全球化世界的危机并不遵循任何特定节奏，其模式相对简单易懂。国家主要在国际资本市场向本国公民欠债，尤其在利率低、利息负担似乎清楚可承受时，更愿负债。如果经济条件发生变化，利率上升，则政府收入下降，利息支出增加；如果仍有可能继续发生债务或债务重组，这也会越加昂贵。人们开始抛售政府债券和受影响的货币，投机的影响愈演愈烈，最终货币价格无法维持，必须贬值。这会提高债务成本，抬高进口成本，但也能促进出口，因此，对于改善预算纪律并提升国际竞争力，货币贬值是有益的。然而若是没有外界援助，经济弱国无法自救，也会产生债务陷阱。在汇率自由浮动时，这种债务和国际收支危机风险会很高；货币贬值就会是一种处理危机的机制。由于货币贬值会导致很多的调整问题，部分经济学家尤其政治家，倾向于对汇率进行控制。

　　从历史上看，政策稳定的汇率制度持续时间通常都较短，即使时间较长，也无法确定是货币制度创造了稳定，还是稳定本身就是货币制度的结果。危机时的固定货币制度成本极高，容易分崩离析。布雷顿森林货币体系崩溃，不是因为人们不再需要它，而是因为它成本过高。布雷顿森林体系疲软造成的结果之一是浮动。欧洲认为这样很危险，因为汇率波动性增加。欧洲的对策是实行蛇形浮动汇率，这个多边货币联盟系统于1972年创建，其中每家央行必须在特定时间点介入，支持或抛弃本国货币，较之布雷顿森林阶段，其允许的波动幅度显著扩大。由于成员反复进退，蛇形浮动汇率无法很好地运转，部分国家（包括瑞典、英国）很快决定放弃它，于是在20世纪70年代末，欧洲货币体系（EMS）取而代之，德国马克实际上成为欧洲储备货币，欧洲货币体系的其他央行必须遵守德意志联邦银行规定。即使在这一框架下，即汇率波动完全能够被平息，严重危机也总会出现，因为干预点为熊市投机者提供了巨大机遇，这导致英国英镑和意大利里拉在1992年退出欧洲货币体系。之后建立的货币联盟试图寻找方法避免类似错误，试图新建中央银行发行统一货币，采取相应货币政策，以避免未来价格波动，保障稳定导向的货币政策。欧元区最初以这种方式均衡利率，利率相对高的国家现在可以享受廉价贷款，在一国通货膨胀率保持不变的情况下，这将部分导致实际利率为负，刺激了极端负债。尽管统计数据不详，但有些国家的贷款被用于维持生活水平或生产率低的经济领域（如建筑业）扩张，这导致国家债务迅速增长、竞争力下降。2008年至2009年全球经济危机对欧元区结构造成持续破坏，原因就是各国债务不同，生产能力各异，导致要为竞争力弱的国家支付较高利息（利差），这不仅撼动了一些国家的偿付能力，也撼动了单一货币的稳定性。

　　解决货币危机的传统方法，即大幅贬值货币，提高国家竞争力，这在政治上无法在欧元区实现。然而在后布雷顿森林体系时期的其他较大货币危机中，货币贬值能够发挥缓解问题的作用，因为在贬值货币的国家，特别是依赖国际货币基金组织（IMF）的财政援助的国家，货币贬值会导致可能非常严厉的紧缩措施。债务及相应的货币危机的典型例子是1994年至1995年的墨西哥危机，1997年至1998年的亚洲金融危机，1998年俄罗斯金融危机及同时发生且持续到2005年的阿根廷危机。2009年，类似危机袭击了迪拜，只是影响有限。如果政府预算政策更严格、债务更克制，这类债务危机可以避免，但这种原则在经济上是把双刃剑，因为它也能阻碍经济发展。暂时面临预算赤字或债务在经济上可能完全是合理的，但在全球化的资本和金融市场的条件下，存在专业套利的市场参与者，这始终是种风险。莱因哈特和罗格夫的研究显示，当债务总额超过经济总量的90%，利息支出高至限制国家有效行动能力时，债务就会成为严重的经济问题。但即使这种情况下的危机也并非投机套利造成，套利只是对错误政策的反应，是用极端方式揭示错误后果。因此，债务危机很有可能会继续存在；即使它们不遵循经济周期的任何节奏，也完全可以预测。各国对上一次导致国家债务大幅增加的世界经济危机的反应不是好兆头。

经济与投机：20世纪80年代以来的大危机

　　20世纪80年代中期以来，在全球化进程中，全球经济也多少变得和谐起来。虽然世界各地不同国家继续遵循自己的一些节奏，但区域重要性和国家重要性降低，特别是对与全球经济紧密交织一起的经济体而言。20世纪80年代以来，除了全球化本身，经济发展的决定性因素主要包括与信息技术相关的创新周期，以及与此紧密相连的亚洲，尤其是中国经济的崛起，自20世纪80年代以来中国的经济发展显著加快。但是全球经济同质化绝不意味着各经济体采取了相同或相似策略。运输成本降低，生产要素成本各不相同，更多地导致了全球专业化分工：低劳动力成本的经济体越来越多地接管初级工业活动，更发达的经济体如美国或英国专事高附加值的服务和高新技术，而德国专门制造复杂的高科技含量的工业产品。20世纪90年代起，全球经济持续繁荣，原材料和能源价格上升，对所谓新兴国家，特别是原材料和能源资源相对丰富的国家的经济实力影响显著。由于这种结构性变化同时与商品、资本和金融流动的加速和密集紧密相关，原本地区性的较小危机便会显著影响全球。因此，大型经济体如美国发生的危机就自然而然会扩展为全球经济危机。

　　20世纪80年代末的危机也是如此，尽管有一定的时间延迟，但此次危机紧随战后第一次股市大规模崩盘而发生。1987
年10月19日，纽约道琼斯指数跌幅超过20%，北美、亚洲及
欧洲的证券交易所随即彻底崩盘。虽然之前过热现象已经很明
显，华尔街的股价在前两年内翻了一番，但是国际货币关系大
规模动荡，特别是美联储计划加息以对抗美元大幅贬值，这一
信号最终导致股价崩溃。此次崩盘之所以迅速蔓延，是因为电
脑证券交易在历史上首次发挥重要作用。不过由于股市交易暂
停，央行有时间向市场注入流动性，其直接影响有限。经历了
"黑色星期一"的15个月后，道琼斯指数重返崩盘前水平，全
球经济却开始恶化。德国因为两德统一的特殊效应，躲过了
此次危机，但到1992年至1993年，却加倍遭受经济下滑及民
主德国经济清算后的结构性问题带来的伤痛。1989年至1990
年，建筑和房地产业尤其遭受沉重打击，而在80年代，该行
业曾经经历过难以置信的投机热。在日本，便宜的资金和高预
期把房地产价格推上令人眩晕的高度；1989年底，日经指数达
到近40000点的历史高度，而20世纪80年代中期，它还仅位
于10000点。房地产泡沫破灭和股市崩溃让日本陷入银行、金
融和经济的严重危机，尽管实施零利率政策，国家债务强势扩
张，之后的25年内危机也未被克服。今天的日本国家债务不
可思议地达到国内生产总值的250%，其后果之所以没有那么
严重，是因为日本政府基本上是对本国公民负债，因此，日本
预计不会出现类似希腊的债务或收支危机。

各国央行，特别是美国和日本，用史无前例的廉价货币政策回应20世纪90年代之交的投机泡沫破灭和世界经济危机，这也让艾伦·格林斯潘（Alan Greenspan）名扬天下。这位坐在美联储头号交椅的"魔术师"似乎恰好做了正确决策，20世纪90年代初的危机后，美国经济紧接着开启了堪称典范的繁荣期，这主要由投机驱动的新媒体和微电子领域的扩张所支撑。经济繁荣期间，美国虽未能大幅减少外债，但对国家财政预算做了整顿，比尔·克林顿（Bill Clinton）总统第二任期内多次明显出现盈余。在这一前提下，美国主要用来抵消与日本，特别是与中国的贸易逆差的外债看似并不可怕。甚至，这场游戏似乎在不断升温，美国和受其影响的英国放弃低端工业制造，专注于高附加值的增值领域。美国夺取到微电子领域头把交椅，无人可敌。新市场的投机热在这一领域最为明显。

投机热有两个因素：一是对新技术的商机无限期望；二是流动性充足。经济繁荣绝非纯受投机驱动，信息技术也确实带来了巨大的经济潜力。繁荣没有仅出现在美国，过度投机也发生在欧洲证券交易所，1999年股市的繁荣渐渐过渡到"女仆牛市"，大众涌进股市，尤其涌入科技股。德国电信三大股票的发行是很好的例证，泡沫破裂前不久，2000年最后一次IPO发行让大部分散户投资者成为输家，他们被流行的广告形象打动，希望能在股市快速获得利润。但德国电信股票价格的波动不是互联网泡沫的根本特征。泡沫中出现了18世纪和19世纪严重投机危机中就已为人熟知的诸多现象。由于业务前景一片光明，20世纪90年代中期以后，大量公司成立，并为实现认购利润而在证券交易所上市，其中一些公司很不可靠。类似沃达丰（Vodafone）收购曼内斯曼（Mannesmann）的投机收购战层出不穷，新市场成为唯一的大金矿。并不是所有创业公司都是骗局，但根基不稳者数量众多，足以让泡沫最终破灭。2000年3月，全球科技股崩盘，当时许多新公司逐渐被披露出无法实现利润承诺，企业资产多数只是几家仓库而已。后来还发现不少企业美化资产负债表，假造销售业绩。许多投机者的快速致富美梦几日内烟消云散，对投机者和破产公司的愤怒情绪开始蔓延，仿佛不是投资者自己的贪婪把泡沫推向了最终高度。2000年，新市场崩溃虽然不是罪魁祸首，但也将经济引向了整体上的冷却。1999年，德国经济达到高峰。2001年和2002年，实际国内生产总值停滞，甚至略有萎缩。泡沫破裂与经济周期的顶部拐点直接吻合，也加速了经济衰退。

美国的情况非常相似。2001年，除了互联网泡沫破灭，还有双子塔和五角大楼恐怖袭击造成的恐惧。泡沫破灭后稍有恢复的股市再次跌向谷底，直到2003年3月美国军队入侵伊拉克才宣告结束。经济和政治不稳定的局势下，美国政府和美联储再次以"魔术师"格林斯潘克服20世纪90年代初危机时使用的手段回击：流动性和低利率。由于对仍在应付前次危机破灭的股市缺乏预期，流动性在全球都进入了承诺大涨和可观利润的房地产业，而德国除外。虽然此政策恶化了美国的财政预算数据和国际债务，但由于主要债权人中国和日本把对美贸易中赚到的美元又投资回美国，因此既没出现通货膨胀，利率也没上升。反而房地产价格暴涨，且因其可与惊人的新商业模式相结合，在世界各地都发展成大业务。美国政府也支持信用等级欠佳的贷款人用房地产贷款担保。房地产价格预期会上升，因此贷款人会得到更多房贷，而且是主动提供，被迫接受，因为这样似乎能够完成毫无风险的业务。这些次级贷款被银行捆绑、结构化、鉴定审核，再转售。房价不断上涨，证券买家不再了解证券背后的风险和抵押，这些空壳生意貌似没有风险。银行不仅出售迅速获利的证券，还将其纳入投资组合，以这些根据市值估价的证券为基础，再次发放贷款，使各自的资产负债表和贷款金额激增。一些银行为此专门成立独立的子公司，如裕宝银行（HRE）在爱尔兰成立子公司德发（Depfa）银行。子公司多少能够不受阻碍地通过监管限制，追求承诺利润但是风险非常高的业务。

　　很多年里，以房地产价格上升、高流动性、低利率及看似没有问题的债务为基础，这个游戏运作得出奇之好，最终无人看到风险，甚至稳健的德国州立银行都参与其中，想以此提高自己的利润空间。由于参与其中的银行家采取新的佣金制度，这些新商业模式和激增的业务量令他们获利颇丰。世界领先的评级机构也对此大开绿灯，最终出现一种广泛的刺激，推动游戏继续。房地产价格行情迟早会结束，美国消费者的债务其后果不堪设想的警告声，像每次出现投机泡沫时一样，无人在意，消失于风中。2007年，房地产价格飙升到峰值，当年9月，英国北岩银行支付困难，首批危机迹象逐渐显露。2008年2月，北岩银行国有化；而在美国，第一批银行倒闭，美国政府和美联储对此按兵不动。到了2008年9月，美国投资银行雷曼兄弟（Lehman Brothers）倒闭，突显出灾难涉及范围广阔，因此短时间内金融市场干涸，股价崩盘，"能者自救"的心态出现，结果就是银行间不再相互拆借。那些失去存款，不得不冲销坏账，濒临破产的银行，突然开始讨论系统性风险。雷曼兄弟的倒闭表明，风险不是臆想的幻象，甚至美国大型房地产抵押贷款保险公司房地美（Fannie Mae）和房利美（Freddie Mac）也只能通过国有化来拯救。同样的惨剧也发生在美国多数大型银行，最终，美国最大保险公司美国国际集团（AIG）因担保信用风险差点被撕裂而坠入深渊。

2008年秋，危机不仅席卷欧洲银行业，还引发巨大经济崩溃。欧洲遭受重创的首先是英国大型银行，其次是瑞士银行机构、德国业务银行和州立银行。人们很快发现，尽管德国根本没有房地产热，但德国的银行参与投机交易取得了大规模证券，此时被迫冲销坏账。这甚至牵涉到传统上投资回报率较低的州立银行。德国商业银行由于部分国有化，才避免倒闭。裕宝银行全部被国家接管。采取广泛的国家保护措施，包括直接援助与担保、欧洲中央银行（ECB）的流动性援助等，才阻止了2008年秋金融市场的彻底崩溃。冲销坏账时需要在自有资本基础上大幅减记，银行因此不得不限制发放贷款，这严重限制了放款能力（去杠杆化）。

虽然金融部门受到保护而能勉强存活，但实体经济受到的影响却非常严重。2008年秋，全球销售市场萎缩；2008年第四季度，德国出口下滑超15%。受其影响，产能利用率、销售和利润下降，失业率上升。即使经济繁荣的中国，也不得不重新调整2009年的经济增长计划。这一年的全球经济滑入严重萧条。"二战"以来，社会生产首次倒退。各国采取大量应对措施，救助银行的代价已然高昂，如今又开始实施经济振兴方案以刺激销售，抑制失业。仿佛多数国家都同时吸取了1929年至1931年世界经济大萧条中的所有教训：是的，从不同角度看，有些主张扩大国家需求，有些主张提高流动性；现在，干脆大家都两者兼顾：用流动性淹没市场，通过淘汰老旧汽车或补贴短期工作的方式刺激需求、平息就业市场。2010年和2011年，局势逐步缓和，甚至出现了明显的增长率。但不同地区差别很大，应对措施增加了各国国债，竞争力相对差的经济体陷入债务困境。这些给民众留下了已挥之不去的"用妖魔驱走鬼怪"的印象。2010年4月和5月，至少在欧元区已是如此。只是因为有大规模信贷担保，才保证了希腊的支付能力，暂时推迟了其他地中海国家无力偿付问题的出现。在假想的国家破产威胁的紧急状态中，欧元区的稳定规则也被暂停，导致中期看来，债务会动态蔓延至整个欧元区。

然而，2010年初夏的救市成果具有欺骗性，因为主权债务危机的规模仍不可见。此后问题急剧恶化，南欧欧元区国家几乎均无法继续在资本市场再融资或只能通过提高利息再融资。希腊实质上已经破产，只是在被人为维持，葡萄牙、西班牙和意大利持续依赖欧洲央行购买政府债券，这本是严格禁止的。马斯特里赫特规则实际已被放弃，但没有发现任何新规则。取而代之的是"精心设计"却成功希望渺茫的一揽子救援计划，讨论债务共担及开动印钞机，以避免欧元被弃，重返灵活的货币体系。这样能否让欧元区稳定，更是非常让人怀疑，因为如果没有AAA评级国家的援助，欧元区早就土崩瓦解：不少国家的结构性问题归根结底在于缺少竞争力、政治效率低，援助只是让这些国家得到补贴，而不会发生实质改变。

救市措施和欧洲央行穷尽手段要确保欧元区稳定的政策，让危机变成慢性病，因此无法进行任何历史对比。尽管存在截然相反的观点，但是无论如何，此次危机与1929年世界经济危机没有任何关联，因为危机发生的大环境完全不同，危机过程与1929年世界经济危机的发展也无任何对应。当前危机的构成更多让人想起1873年至1874年的创始人破产潮。对价格上涨的预期，特别是在建筑和房地产业的涨价预期，高流动性、低利率、"放宽管制"的自由经济环境，所有这些都有利于投机泡沫出现，而且在经济繁荣期原本就弥漫着乐观情绪。当然，对当前危机的反应是教科书似的，想要不计一切代价避免当时认为的1929年的世界经济危机的失误。但是国家债务增长如此快速，这一策略是否成功非常让人怀疑，此外，这也加大了本就存在的经济体间的能力差异，加剧了竞争。因此根据各国不同的历史背景，当前危机在各国的发展过程也不尽相同，这与其专业化程度相关。这场危机在未来会给那些主要从低利率和扩张性建设经济中获利的国家带来相当大的问题；彻底专注于金融服务作为主导产业的经济体，也必然随着金融业萎缩，承受经济核心领域的损失，而且现在看来没有任何补偿。德国凭借传统的创新和强大的工业，目前所处位置更加有利，前提是，商品和资本的交流不受限制。但这个"战略"会否成功还有待观察，何况德国还必须首当其冲地承受欧洲货币危机的冲击。毕竟，德国在欧洲央行零利率政策中受益，德国国家债务在金融和经济危机后从80%以上迅速下降到接近68%。

从经济危机史上看，20世纪80年代中期全球化取得突破的那几年，有着矛盾的面孔。一方面，1991年至2007年是漫长繁荣期，只在2000年至2001年短暂中断，这一繁荣既得益于中国崛起和微电子领域新技术的充分使用，也得益于世界经济自由化、全球化、电子透明化的资本与商品市场效率的极大提高。另一方面，这种经济繁荣只能通过金融市场的全球联网实现，当然也就大大增加了投机可能性。投机依旧具有两面性。投机既能积极驱动结构变化，也为赌徒开放了貌似广袤无限的赌场，而事先并不知道什么会有积极影响，什么是在铤而走险。所有这些都导致具有投机特征的危机现象回归，此类危机曾在1945年至1985年之间消失。这同时也意味着"大萧条"会再次出现，即经济危机与经济发展长波的转折点重合。目前看来，全球经济更像处于衰退期，至少相应症状（隔离、保护主义、冲突加剧）都清晰可辨。总之，全球化以来的危机局面又一次与1914年前的情况非常相似。有些危机是与投机现象相结合的，尽管存在那么多风险，但它们始终是结构性变化的关键，阻止变化只能以巨大的福利损失为代价。

即使迄今仍不存在被普遍接受的定义，经济危机也是经济结构变化的核心要素。早在19世纪现代资本主义实现之前，经济危机就影响着经济事件，并从此成为经济发展的固有伴随现象。一定程度上，经济危机决定着人们对现代经济的构想，我们既认为现代经济易发危机有违道德，又常坦然接受其优点，认为是理所当然。纵观过去几世纪的危机史，展示着完全不同的画面：前现代时期的危机直接威胁到人类生存，收成不好会推高价格，导致饥饿和贫困、失业和痛苦；而今天，这些经验不再与经济危机挂钩。恰恰相反，虽然自19世纪起，经济发展就有周期性波动，可能扩展成为社会后果严重的深刻经济危机，但它不是现代经济危机的常态。经济波动更多是发展进程的组成和因素：这一进程中，经济效能持续增加，比较贫穷的人的生活水平已能提高至一定高度——旧时代的人们想象中的乌托邦式的美好生活才能达到这个水平。在此，20世纪20年代和30年代的全球经济危机并不适合作为反驳的论据。从任何意义而言，两次世界大战期间的危机都不是"正常"的经济危机，而是例外现象，它很大程度上与政治和军事对世界经济的破坏程度及国家经济灾难性的竞争有关。同样，重建期的极大繁荣也是例外。高经济增长率，充分就业和无危机，这些如今被误认为是能够达到的正常情况。正如两次世界大战期间的危机一样，战后时期的经济繁荣是历史性事件，不能推广普及，更不能当作经济政策的常态。

历史地观察危机为我们描绘出另一幅图景。前现代时期或者说旧欧洲危机只在一定范围内有规律，那就是较长的经济增长期会使得人口增长，同时由于农业生产率低下，迟早会陷入马尔萨斯陷阱。实际上危机本身难以预测，可预见的是气候所导致的收成波动会直接影响人类。这里不存在什么节奏性的规律，但彼时农村人口很清楚不存在任何保障，因此，作为理性的生存策略，保守行事、因循守旧、固守经验，成为农民根深蒂固的思想。没有农业收入的人在面对不可预知的波动时几乎束手无策。因此，过度使用贫瘠的农业资源，甚至有时无情地争夺粮食，都是旧式危机的日常。

这种危机随着现代资本主义的实行而消失。虽然曾经有过漫长的过渡期，并且随着19世纪40年代又一次世界末日式的危机经历才慢慢结束；但是之后，"旧式"危机成为历史，包括饥荒也已消失，只是在20世纪战争期间及战争之后重现了一次。当然，新世界并不总是洒满阳光。资本主义的诞生遭遇了现代早期的大规模贫困，从社会角度看，"残酷无情"的资本主义的首批危机没有任何好处。但是，马克思和恩格斯的贫困预期（Verelendungshoffnungen）也未成真。恰恰相反，虽然资本主义易出现波动和危机，但是发展螺旋却并不向下。经济效能在逐渐提高，经济波动是实现资本主义经济动力的形式，而非应该或能够避免的东西。在那个时代的重商主义现实中，古典经济学一直坚持永久均衡的梦想。永久均衡作为现代市场经济的理念至今仍然有影响力，塑造着当代的经济学思想。但基本上自19世纪50年代开始，人们学习着与反复出现的危机共存，这些危机通常也并非世界末日式的崩溃，而是可以理解为因扩张而导致的过度的清理式危机。即使熊彼特试图用经济发展波动理论总结的大大小小的经济活动的中期阶段以前和现在都存在，危机也不总是深层危机，而是每个新周期都在更高的水平延续着旧周期，这与马克思的猜测不同。虽然容易将其看作只是整理经济史发现的启发式手段，但是熊彼特的猜测完全正确，如果资本主义的结构变迁不终止于均衡的静止状态，那么它必然是不断破坏与再生的持续过程。无论如何，1914年以前，人们确信能够与反复出现的危机共存，特定情况下危机甚至具备重要功能，即使总有理论家相信只要自己的原则被遵循，一个无危机的世界完全可以实现。

从"一战"到20世纪70年代初——此时"二战"后的经济繁荣结束，经济和增长波动既曾让人感受到世界末日，也曾让人体验到欣喜若狂。这不是资本主义动力的结果，而是世界大战的暴力毁坏，纳粹扩张战略把欧洲变成废墟灰烬的结果。如果说1914年之前，欧洲最重要的工业国家与美国虽在经济方面存有差异，但基本持平，那么二战后，美国的表现和欧洲的萎靡不振之间已存在天壤之别。20世纪70年代初，这种差距大致弥合，布雷顿森林货币体系崩溃后的世界经济关系开始正常化，此时战争和战后的特殊条件消失，19世纪已知的危机与增长周期重新返回。此后再次出现的经济危机成为日益全球化的发展动力的一部分，并没有呈现世界末日式的势态，也不能简单地被视为是经济金融政策失误的结果。

19世纪，经济波动和危机事件呈现惊人的规律性。这种规律性，尤其是一定范围内的衰退和增长，在1914年至1949年之间的几十年不复存在。在德国，这让位于世界末日般的危机，这点可以从国民生产总值增长率及收缩率的急剧波动看出。20世纪50年代以来，不仅战前就熟悉的节奏回归；20世纪上半叶的倒退在60年代被克服后，经济偏差也恢复正常。

抛开1914年至1970年之间情况特殊的年份不谈，可以说其他时期所包含的正常的危机事件，是现代经济有节奏地上下波动。在通常条件下，繁荣和之后的危机在结构变化中也发挥重要作用，促进对未来的积极预期，以及纠正过度反应。舆论和政策通常以乌托邦式的均衡概念为基础，依照此概念，每次波动和危机都是错误的，因此是可以纠正、放弃或弥补的活动的结果。人们仿佛相信，如果无法恰当处理危机，就可能会重蹈1929年世界经济危机的覆辙。因此产生了一种独特的行为冲动，不允许对经济危机和投机活动采取放松态度。一切都归结于一个假设，即要么经济发展是正常的，要么是政策有误。从历史上看，这种想法非常站不住脚。比较一致的观点是首先要清醒地看待危机，特别是发达资本主义社会的生活如此富足，危机不必然发展为生存的威胁。而仅从道德评判的角度，认为某些人或某些职业团体的贪婪把人们推向危机苦难，这样做不仅错误理解了投机的历史作用，还无法让人信服，正如马克思所强调："历史上虽有各种警告，但恰恰是危机定期重复发生，使人根本无法将个体的肆无忌惮作为最后的依据。" 1857年12月15日他在《纽约每日论坛报》作了如上表述，无须再赘言。

核心词汇表

指券（Assignaten）：法国大革命期间使用的纸币；口语中指代无价值的纸币。

基础创新（Basisinnovation）：约瑟夫·熊彼特创造的术语。他在有关经济周期的著作（1939年）中，认为经济长波（康德拉季耶夫周期）的基础是导致生产与组织革命的基本技术创新。不过熊彼特没有解释产生新的基础，进而出现新康德拉季耶夫周期的原因。

熊市（Baisse）：交易所/证券市场持续强劲的行情或价格下跌；比较词条→**牛市**。

布雷顿森林货币体系（Bretton-Woods-System）：以固定汇率建立全球货币体系的协定（1944/1945年），以黄金为基础，将美元指定为储备货币。该制度于1973年被放弃。

通货紧缩（Deflation）：货物和服务的价格下跌。

存款（Depositen）：存款人短期或中期置于金融机构，以获得利息的资金或货币的总称。

贴现（Diskont）：购买未到期应收款的利息贴付；这以贴现率为基础。

证券（Effekten）：适用于投资并主要在证券交易所交易的有价证券（股票、证券、债券等）。

发行（Emission）：指证券发行；股票及其他证券的流通。证券发行量是一次发行的所有证券的总和。

货币供应量（Geldmenge）：国内非银行（私人住户、非银行业企业、国家、外国）的现金量和存款量。通常区分货币总量M1、M2和M3。M1：流动现金，不包括信贷机构的现金和隔夜存款（即期存款）；M2：M1加上长至两年的国内非银行定期存款以及长至三个月的储蓄存款；M3：M2加上最多两年的短期货币市场证券和债券。

银行货币（系统）[Giralgeld（system）]：即账面货币（银行存款、存款、信用货币等）。这是法律上不承认为货币，但通常按惯例随时到期，立即可兑现的支付方式。

宏观调控（Globalsteuerung）：通过宏观经济变量（如对总需求的影响）对经济政策调节与控制，以影响经济发展趋势。

金本位制（Goldstandard）：一种货币本位制，根据该货币标准，所用货币单位里的货币价值（黄金平价）被定义为固定数量纯金的价值，纸币的发行与黄金储备的数量挂钩。

牛市（Hausse）：证券和商品的价格持续上涨；比较词条→熊市。

通货膨胀（Inflation）：货币贬值/价格上涨的过程，通常由货币增发引起。

破产（Insolvenz）：公司在破产时永久无力偿付或停止偿付。

投资率（Investitionsquote）：社会生产总值或净社会生产总值中投资的份额。

经济发展形势（Konjunktur）：国家整体的经济状况和发展趋势；狭义上指整体经济状况的上升。

经济周期（Konjunkturzyklus）：中长期经济发展的波动。总体经济在相对规律的周期性波动中发展。经济理论对周期长短有不同看法，其中：基钦周期（3～4年）、米切尔周期（7～11年）、尤格拉周期（6～10年）和康德拉季耶夫周期（50～60年）。

卖空（Leerverkauf）：投机性出售卖方尚未拥有或未来购买或供应的（期货业务/交易）的证券或商品；短期内做空被称为抛空、沽空。

流动性（Liquidität）：偿付能力；现金流（Cashflow）。

货币主义（Monetarismus）：最佳货币供应学说。与传统凯恩斯主义相反，不是收入与就业理论，而是主要用于解释通货膨胀的理论。

乘数加速原理（Multiplikator-Akzelerator-Prozess）：将加速器原理与乘数原理结合起来，解释经济波动。乘数是指经济变化时的倍数因素。乘数主要显示通过支出（用于投资、出口等）达到的收入成倍增长。加速原则是企业对投资商品的需求，它与公司计划的扩大生产成比例发展，由对生产商品的预期需求决定。最著名的乘数加速器模型来自萨缪尔森（Paul A.

Samuelson，1939）和希克斯（John R. Hicks，1950）。

新古典主义理论（Neoklassische Theorie）：是古典主义经济理论的进一步发展。主要讨论稀缺资源配置（分配）问题。与古典学说相反，新古典主义经济学采用边际生产率和边际效用的概念，强调价格在市场均衡中的作用。

汇兑平价（Parität）：汇兑比例。金本位货币体系中的黄金平价，为各单一货币确定可兑换的黄金数量。

皮尔银行法案（Peel'sche Bankakte）：1844年7月19日，英国时任首相罗伯特·皮尔爵士引入的规范票据发行的法规。法规规定，只有英格兰银行（今天的大不列颠中央银行）有权发行钞票。原则上，流通钞票量不能超过自有贵金属总值。

繁荣（Prosperität）：利润（和价格）上涨的复苏阶段；即经济景气。

萧条（Rezession）：经济衰退，经济增长下滑。

投机（Spekulation）：在价格变动中获取利润的业务。狭义的投机为所有旨在通过时间上的价格变动获利的业务；与之对比，**套利**（Arbitrage）则为通过地方价格差获利的投机。

国债（Staatsanleihe）：政府或（联邦）国家发行的债券（公债），是长期固定利率的有价证券。

稳定法（Stabilitätsgesetz）：1967年起，德意志联邦共和国颁布的促进经济稳定增长的法案。

期货业务/交易（Termingeschäft/-handel）：在证券交易所

以约定的价格，对在未来进行交付和接收的货物、外汇或证券进行交易。

全能银行（Universalbanken）：提供银行所有普通业务和银行服务的银行（信贷银行、储蓄银行、合作银行等）。

汇票（Wechsel）：付款义务的证明（证券等）。

国际收支（Zahlungsbilanz）：国际经济往来的收支比较，包括经常项目、资本项目余额、储备资产增减额和剩余项目。

钞票银行（Zettelbank）：货币银行（纸币银行）。

利息（Zins）：临时资本转移的回报或价格。

利率机制（Zinsmechanismus）：利率变动对经济活动（如投资）的影响。

参考文献

Gesamtdarstellungen

Born, Karl Erich, Wirtschaftskrisen, in: HdWW Bd. 9, S. 130–141

Braunberger, Gerald und Fehr, Benedikt (Hg.), Crash. Finanzkrisen gestern und heute, Frankfurt am Main 2008

Kindleberger, Charles, Manien – Paniken – Crashs. Eine Geschichte der Finanzkrisen, Kulmbach 2001

Oelßner, Fred, Die Wirtschaftskrisen. Band 1, Die Krisen im vormonopolistischen Kapitalismus, Berlin 1949

Pinner, Felix, Die großen Weltkrisen im Lichte des Strukturwandels der kapitalistischen Wirtschaft, Zürich und Leipzig 1937

Reinhart, Carmen, Rogoff, Kenneth, This time is different. Eight centuries of financial folly, Princeton 2009

Wirth, Max, Geschichte der Handelskrisen, New York 1968 (zuerst 1890)

Konjunktur- und Krisentheorie

Borchardt, Knut, Wandlungen im Denken über wirtschaftliche Krisen, in: Krzysztof Michalski (Hg.), Über die Krise. Castelgandolfo-Gespräche 1985, Stuttgart 1986, S. 127–153

Davidson, Paul, Financial markets, money and the real world, Cheltenham 2002

Haberler, Gottfried, Prosperität und Depression: Eine theoretische Untersuchung der Konjunkturbewegungen, Bern 1948

Hoffmann, Walther G. [u. a.], Das Wachstum der deutschen Wirtschaft seit der Mitte des 19. Jahrhunderts, Berlin 1965

Metz, Rainer, Trend, Zyklus und Zufall. Bestimmungsgründe und Verlaufsformen langfristiger Wachstumsschwankungen, Stuttgart 2002

Minsky, Hyman P., Stabilizing an Unstable Economy. New York [u. a.] (Neuaufl.) 2008

Sombart, Werner, Versuch einer Systematik der Wirtschaftskrisen, in: Archiv für Sozialwissenschaft und Sozialpolitik 19/1904, S. 1–21

Schumpeter, Joseph A., Konjunkturzyklen. Eine theoretische, historische und statistische Analyse des kapitalistischen Prozesses, Göttingen (Neuaufl.) 2008

Spree, Reinhard, Konjunktur, in: Ambrosius, Gerold u. a. (Hg.), Moderne Wirtschaftsgeschichte. Eine Einführung für Historiker und Ökonomen, München ²2006, S. 185–212

Vosgerau, Hans Jürgen, Art. Konjunkturtheorie, in: HdWW Bd. 4, S. 478–507

Krisen der vorindustriellen Zeit

Abel, Wilhelm, Massenarmut und Hungerkrisen im vorindustriellen Deutschland, Göttingen ³1986

Abel, Wilhelm, Agrarkrisen und Agrarkonjunktur. Eine Geschichte der Land- und Ernährungswirtschaft Mitteleuropas seit dem hohen Mittelalter, Hamburg und Berlin ³1978

Deane, Phyllis, The first industrial revolution, Cambridge ²1992

Kopsidis, Michael, Agrarentwicklung. Historische Agrarrevolutionen und Entwicklungsökonomie, Stuttgart 2006

Kriedte, Peter, Spätfeudalismus und Handelskapital. Grundlinien der europäischen Wirtschaftsgeschichte vom 16. bis zum Ausgang des 18. Jahrhunderts, Göttingen 1980

Krisen in der ersten und zweiten Hälfte des 19. Jahrhunderts

Borchardt, Knut, Wirtschaftliches Wachstum und Wechsellagen 1800–1914, in: Hermann Aubin, Wolfgang Zorn (Hg.), Handbuch der deutschen Wirtschafts- und Sozialgeschichte, Bd. 2, Stuttgart 1976, S. 198–275

Grabas, Margrit, Konjunktur und Wachstum in Deutschland von 1895 bis 1914, Berlin 1992

Rosenberg, Hans, Die Weltwirtschaftskrise 1857–1859, Göttingen ²1974 (zuerst 1934)

Rosenberg, Hans, Große Depression und Bismarckzeit. Wirtschaftsablauf, Gesellschaft und Politik in Mitteleuropa, Frankfurt am Main 1976

Spree, Reinhard, Wachstumstrends und Konjunkturzyklen in der deutschen Wirtschaft von 1820 bis 1913, Göttingen 1978

Tugan-Baranowski, Michael von, Studien zur Theorie und Geschichte der Handelskrisen in England, Jena 1901

Krisen in der ersten Hälfte des 20. Jahrhunderts

Aldcroft, Derek H., Die zwanziger Jahre. Geschichte der Weltwirtschaft im 20. Jahrhundert, Bd. 3, München 1978

Bernanke, Ben S., Essays on the great depression, Princeton 2000

Eichengreen, Berry, Temin, Peter, The Gold Standard and the Great Depression. Working Paper 6060 des NBER, Juni 1997

Eichengreen, Barry, Golden Fetters. The gold standard and the great depression 1919–1939, Oxford 1992

Findlay, Ronald, O'Rourke, Kevin H., Power and Plenty. Trade, war and the world economy in the second millenium, Princeton 2007

Friedmann, Milton, Schwartz, Anna J., A monetary history of the United States. Princeton 1963

Galbraith, John Kenneth, Der große Crash 1929. Ursachen, Verlauf, Folgen, München ⁴2009
Hesse, Jan-Otmar, Köster, Roman, Plumpe, Werner, Die Große Depression. Die Weltwirtschaftskrise 1929–1939, Frankfurt am Main 2014
Holtfrerich, Carl-Ludwig, Die deutsche Inflation 1914–1923. Ursachen und Folgen in internationaler Perspektive, Berlin 1980
James, Harold, Deutschland in der Weltwirtschaftskrise 1924–1936, Stuttgart 1988
Krüdener, Jürgen von (Hg.), Economic Crisis and Political Collapse. The Weimar Republic 1924–1933, Oxford 1990
Petzina, Dietmar, Die deutsche Wirtschaft in der Zwischenkriegszeit, Wiesbaden 1977
Schivelbusch, Wolfgang, Entfernte Verwandtschaft. Faschismus, Nationalsozialismus, New Deal 1933–1939, München 2005

Krisen nach dem großen Boom

Eichengreen, Berry, Vom Goldstandard zum Euro. Die Geschichte des internationalen Währungssystems, Berlin 2000 (zuerst engl. 1996)
Giersch, Herbert, Paquet, Karl-Heinz, Schmieding, Holger, The fading miracle. Four decades of market economy in Germany, Cambridge 1993
Hohensee, Jens, Der erste Ölpreisschock 1973/74. Die politischen und gesellschaftlichen Auswirkungen der arabischen Erdölpolitik auf die Bundesrepublik Deutschland und Westeuropa, Stuttgart 1996
Lindlar, Ludger, Das mißverstandene Wirtschaftswunder. Westdeutschland und die westeuropäische Nachkriegsprosperität, Tübingen 1997
Olson, Mancur, Aufstieg und Niedergang von Nationen. Ökonomisches Wachstum, Stagflation und soziale Starrheit, Tübingen 1991 (zuerst amerik. 1982)
Schanetzky, Tim, Die große Ernüchterung. Wirtschaftspolitik, Expertise und Gesellschaft in der Bundesrepublik 1966–1982, Berlin 2007
Scherf, Harald, Enttäuschte Hoffnungen – vergebene Chancen. Die Wirtschaftspolitik der sozial-liberalen Koalition 1969–1982, Göttingen 1986

Krisen im Zeitalter der Globalisierung

Bischoff, Joachim, Finanzkrisen am Ende des 20. Jahrhunderts, in: Dieter Boris u. a. (Hg.), Finanzkrisen im Übergang zum 21. Jahrhundert. Probleme der Peripherie oder globale Gefahr?, Marburg 2000, S. 27–42
Klein, Naomi, Die Schock-Strategie. Der Aufstieg des Katastrophen-Kapitalismus, Frankfurt am Main 2007
Krugman, Paul R., Die neue Weltwirtschaftskrise, Frankfurt am Main 2009
Sinn, Hans-Werner, Kasino-Kapitalismus. Wie es zur Finanzkrise kam, und was jetzt zu tun ist, Berlin ²2009
Streeck, Wolfgang, Gekaufte Zeit. Die vertagte Krise des demokratischen Kapitalismus, Berlin 2013